Dieses Buch ist die Fortsetzung von Band 1: „Maier läuft! Erfahrungsbericht eines Laufanfängers". In diesem schilderte ich, was ich Neues, Lustiges und Lehrreiches zu Beginn des Laufens erlebt hatte. In Band 2 „Maier läuft und läuft! Höhen und Tiefen eines Läufers" gehe ich auf die Tiefs ein, die ich nach Band 1 durchmachen musste. Ich schildere, wie ich da wieder herauskam, und berichte von weiteren sportlichen Aktivitäten wie Triathlon und Eisschwimmen. Natürlich erzähle ich auch wieder von einzelnen Läufen und lustigen Erlebnissen. Als Fazit dieses Buches stehen die Sätze: *„Das Laufen war und ist, wie wenn man einen Reset-Knopf drückt. Aufgestauter Stress, schlechte Laune, Zorn, Groll, Sorgen, Zweifel, Niedergeschlagenheit und Sonstiges verfliegen nicht nur; das regelmäßige Laufen sorgt auch dafür, dass ich generell weniger anfällig für diese Missstimmungen bin. Ich bin ausgeglichener und konzentriere mich mehr auf das, was mir wirklich wichtig ist."*

Klaus Maier, geboren 1967, studiert zuerst erfolglos Latein und Mathematik für das Lehramt an Gymnasien. Ein Studium für die Beamtenlaufbahn im gehobenen nichttechnischen Verwaltungsdienst schließt er als Diplom-Verwaltungswirt ab. Nach anfänglicher Arbeitslosigkeit arbeitet er als Angestellter und Metallarbeiter bis er Verwaltungsleiter im gehobenen Dienst wird. Er ist Musiker, Mathematik- und Physikfan, Sportler, vielfältig interessiert und spielt die meiste Zeit Volleyball bis er zufällig zum Laufen kommt.

Klaus Maier

Maier läuft und läuft!

Höhen und Tiefen eines Läufers

Herstellung und Verlag:
BoD - Books on Demand, Norderstedt
ISBN 978-3-7460-8930-0

Inhaltsverzeichnis

Vorwort

Mein erstes Buch „Maier läuft! - Erfahrungsbericht eines Laufanfängers" handelte von meinen ersten Schritten als Läufer. Als Einstieg beschrieb ich meine sportliche Laufbahn vor dem Laufen und wie ich zum Laufen gekommen bin.

Ich gab viele Tipps über die Teilnahme an Volksläufen, zum Nachttraining und allgemein, auf welche Aspekte man im Training ein Augenmerk legen sollte. Das tat ich aus meiner ganz persönlichen Sicht und immer vor dem Hintergrund, dass jeder auch beim Sport ein Individuum ist, das vom Durchschnitt abweicht.

Den Mittelpunkt des Buches bildeten aber die Erlebnisse meiner ersten Läufe, an denen ich von März 2014 bis Oktober 2015 teilgenommen hatte. Das Buch erschien im Frühjahr 2017. Ich hatte das komplette Jahr 2016 bewusst ausgeklammert. Einerseits wäre das erste Buch sonst nie fertig geworden; ich musste schließlich irgendwo einen Schnitt machen. Zum anderen ereignete sich in dieser Zeit sehr viel, das zur fröhlichen Sturm und Drang Zeit nicht ganz passte. Außerdem kam Neues hinzu: Neben dem Versuch, einen Marathon zu laufen, habe ich auch Eisschwimmen betrieben und meinen ersten Triathlon hinter mich gebracht.

Das schrie förmlich nach einem zweiten Band. Daneben war es körperlich und geistig nicht immer einfach für mich, aus dem Laufen einen ständigen Genuss zu ziehen. Mit dem netten „Blümchenlaufen" des ersten Bandes war es weitgehend vorbei. Seit dem letzten Lauf von Band 1 war es für mich ein ständiges Auf und Ab.

Körperlich bekam ich Hilfe und geistig änderte ich meine Einstellung, sodass das Laufen nicht nur ein tröpfelnder, sondern wieder ein sprudelnder Quell der Freude wurde.

Da der Inhalt doch etwas von Band 1 verschieden ist, wollte ich das auch in der Gliederung zum Ausdruck bringen. Über meine besonderen Aktivitäten berichte ich zu Beginn und am Ende des Buches. Meine nicht so gute körperliche und seelische Verfassung und meinen Ausweg daraus habe ich diesen Berichten vorangestellt.

Den größten Teil nehmen aber wieder meine Läufe ein. Ich habe sie nicht chronologisch angeordnet, sondern danach, ob sie für mich gute oder schlechte Läufe waren. Die Läufe zum Schmunzeln schließen sich daran an.

Kapitel 1: Die schonungslose Wahrheit

War Band 1 geschönt?
Nein, Band 1 war nicht gelogen; nur habe ich über die unangenehmen Seiten meines neuen Sportes weniger geschrieben als über die angenehmen.

Als ich mit dem Laufen anfing, überstrahlten die positiven Eindrücke alles andere, und als ich begann an Läufen teilzunehmen, war das alles neu und spannend für mich. Da verschwendete ich kaum Gedanken an etwas anderes.

Was war denn unangenehm?
Die Verletzungen. Ich ja schon immer etwas verletzungsanfällig. Zerrungen, Verstauchungen, Dehnungen und was man sich sonst noch beim Sporttreiben zuziehen kann, waren nie etwas Ungewöhnliches bei mir. Die unbändige Kraft verursachte ständig Schäden an den schwächsten beteiligten Gliedern. Nur was früher in drei Tagen wieder gut war, dauert in meinem Alter jetzt eben zwei Wochen und länger. So konnte ich nie mehrere Monate am Stück laufen, ohne dass ich dazwischen verletzungsbedingt pausieren musste.

Im Frühjahr 2014 hatte ich eine heftige Adduktorenzerrung, die mich wochenlang am Laufen hinderte. Die hatte ich mir allerdings beim Handballspielen zugezogen.

Nach den Sommerferien 2014 wurde ich von einer Verhärtung in der linken Hüfte behindert, die nach dem Volleyballtraining auftrat.

Im Januar 2015 litt ich an Problemen rechts hinten im Bereich von Oberschenkel und Hüfte. Das kam tatsächlich vom Laufen.

Im Sommer 2015 begannen dann die monatelangen Probleme mit meinem rechten Knie bzw. mit dem Oberschenkelmuskel, der das instabile Knie zusammenhalten musste. Dieses Problem bekam ich mit passenden Schuhen, einer Bandage und spezieller Gymnastik in den Griff.

Mein linker Schienbeinmuskel machte auch schon seit Jahren Probleme, wenn ich schnellen Schrittes ging oder zu schnell oder zu unaufgewärmt mit Joggen begann. Auch das wurde durch die Gymnastik deutlich gemindert.

Durch die passenderen Schuhe und die spezielle Gymnastik wandelte ich mich vom Fersen- zum Mittelfußläufer. Das ist im Prinzip gut, hatte aber speziell bei mir einen großen Nachteil. Bisher war es so, dass die Probleme, die vom Laufen kamen, beim Volleyball keine Rolle spielten, und die Volleyballverletzungen mich beim Laufen in der Regel nicht behinderten. Vielmehr lösten sich Verspannungen, die von einer Sportart verursacht wurden, durch das Betreiben der anderen. Durch das Mittelfußlaufen wurde die Belastung der Muskulatur, vor allem der Wadenmuskulatur, beim Laufen der Belastung durch das Volleyballspielen angeglichen. Das Eine stellte jetzt für das Andere keinen Ausgleich mehr dar, sondern eine Doppelbelastung. So machte meine Verletzungskartei bis Ende 2016 einen Wadenmuskel nach dem anderen durch. Das war ganz schön nervig.

Dazu kam noch, dass ich im Juni 2016 kurzzeitig Rückenbeschwerden bekam und aus dem Sommerurlaub mit einem steifen Genick nach Hause kam, was mir das Laufen unmöglich machte.

Ende 2016 kamen noch Probleme mit der rechten Ferse und im Januar 2017 mit der rechten Sohle dazu.

Im Dezember 2016 und Januar 2017 hatte ich zudem neue Probleme an der rechten Hinterseite von Oberschenkel und Hüfte.

2015 hatte sich herausgestellt, dass meine sämtlichen Schutzimpfungen schon jahrzehntelang abgelaufen waren. Eine Auffrischung genügte da nicht mehr. Zuerst lies ich mich gegen FSME impfen und 2016 dann in zwei Schritten gegen Tetanus, Diphterie, Polio und Keuchhusten. Die Impfungen vertrug ich recht gut und setzte jeweils auch gleich wieder maßvoll mit dem Training ein. Aber zwei Mal ging ich in einem anschließenden Wettkampf jeweils drei Wochen nach der Impfung „unter", weil ich die Impfung gar nicht mehr bedacht hatte. Ein Wettkampf stellt eben doch andere Anforderungen an den Körper als das Training.

Im Winter 2016 / 2017 probierte ich Eisschwimmen aus. Wie Ihr weiter hinten lesen könnt, war das eine interessante Erfahrung. Allerdings hatte das Eisschwimmen ungeahnte Auswirkungen auf das Laufen. Die Grenzen der Leistungsabgabe verschoben sich rapide nach unten. Das bedeutete, dass ich mich bei einem normal intensiven Lauf jetzt völig übernahm.

Kam noch mehr dazu?
Mit diesen körperlichen Problemen war es aber nicht genug. Hinzu kamen mentale Tiefs.

Im Mai 2013 begann ich mit dem Laufen, an Wettkämpfen nehme ich seit März 2014 teil. Nach rasanten Fortschritten im Verlauf des Jahres 2014 erreichte ich meine Bestzeit über 10 km im Dezember 2014 und im Halbmarathon im März 2015. Diese Bestzeiten bestehen immer noch.

Mir war ja auch klar, dass es mit diesen großen Steigerungen nicht ewig weiter gehen konnte. Aber ein bisschen mehr hätte ich schon erwartet. So waren meine Ansprüche an die kommenden Läufe meist höher, als ich sie erfüllen konnte. Oft war es einfach wegen des durch Verletzungen unterbrochenen oder angepassten Trainings nicht möglich, mehr zu leisten. Auch im Training selbst konnte ich die angestrebten Leistungen nicht immer erbringen. Mehr dazu könnt Ihr auch im folgenden Marathonkapitel lesen.

Wer meinen ersten Band gelesen hat, der ist jetzt geneigt, zu sagen, dass ich den selbst erzeugten Druck aus meiner sportlichen

Vorgeschichte, den ich beim Laufen unbedingt vermeiden wollte, jetzt doch wieder mehr und mehr aufbaute. Ein bisschen stimmt das schon. Nur machte ich mir deutlich weniger Druck als früher, aber diese Einschnitte durch Verletzungen und die nicht ganz stimmige Erwartungshaltung begannen, an mir zu nagen.

Und Band 1 war wirklich nicht geschönt?
Nein!
Die Probleme manifestierten sich erst in der Zeit nachdem ich Band 1 geschrieben hatte. Und trotz dieser Probleme lief ich immer weiter.
Warum?

Beim Laufen wird alles gut

Das Laufen brachte mir viel mehr als es mir zu schaffen machte. Es war zum Teil schon schmerzhaft, aber im Grunde waren es eher Luxusprobleme.

Das Laufen war und ist, wie wenn man einen Reset-Knopf drückt. Aufgestauter Stress, schlechte Laune, Zorn, Groll, Sorgen, Zweifel, Niedergeschlagenheit und Sonstiges verfliegen nicht nur; das regelmäßige Laufen sorgt auch dafür, dass ich generell weniger anfällig für diese Missstimmungen bin. Ich bin ausgeglichener und konzentriere mich mehr auf das, was mir wirklich wichtig ist.

Körperlich tut das Laufen natürlich auch gut, wenn man es nicht übertreibt. Meine Rückenprobleme bei längerem Stehen oder Bücken seit der Jugendzeit kenne ich kaum noch, leichte Verspannungen lösen sich, und seit ich laufe, war ich nicht mehr auch nur ein kleines bisschen krank.

Der Hauptgrund für das Laufen ist, dass es mir gut tut und einfach Spaß macht. Ab und zu gehe ich auch mit sportlichem Ehrgeiz daran. Und erst dann kann es zur oben genannten Zwickmühle aus Wollen und Können kommen.

Dass ich diesen Spagat aus Vergnügen und ehrgeizigem Sport letztendlich in den Griff bekommen habe, war nicht einfach. Zuerst musste ich mir dieser Zwickmühle mit ihren Auswirkungen bewusst werden und dann konnte ich erst Lösungen entwickeln. Bevor ich Euch in Kapitel 3 erzähle, wie ich das geschafft habe, musste unter anderem noch das Marathontief überwunden werden.

Kapitel 2: Marathon

Die Vorgeschichte
Eigentlich hatte ich nie vor, einen Marathon zu laufen. Ich konnte mir das auch nie vorstellen: stundenlang laufen, stundenlang beim Marathon und stundenlang im Training. Das muss ja so eintönig, langweilig und öde sein. In der Zeit hätte ich auch sicher Besseres zu tun. Zudem glaubte ich nicht, dass mein Kreislauf das mitmachen würde. Bei meinen ersten Volksläufen, bei denen ich jeweils deutlich schneller als im Training war, musste ich mich hinterher immer erst mit Schokolade und Äpfeln vollstopfen, damit ich wieder zu Kräften kam. Den Rest des Tages machte ich außer Ausruhen kaum noch etwas anderes und am nächsten Tag lies jede kleinere Anstrengung den Puls sofort ungewohnt in die Höhe schnellen. Wie würde das erst nach einem Marathon aussehen? Da wäre ich ja tot!

Marathonläufer nutzen gerne die Gelegenheit, einen Halbmarathon als Vorbereitung zu laufen. Und so schnappt man bei Volksläufen, bei denen auch ein Halbmarathon im Programm ist, hin und wieder Gesprächsfetzen von Marathonläufern auf: „Ach, diese Woche bin ich kaum zum Laufen gekommen, es hat nur für 100 km gereicht." Solchen Aussagen schenkte ich zwar nie viel Aufmerksamkeit und ich bezweifelte auch den Wahrheitsgehalt der Trainingsproportionen, aber unterschwellig brannten sie sich abschreckend in mein Gedächtnis ein.

Der Entschluss
Im März 2015 kam ich beim Rißnertlauf in Karlsruhe mit einem Marathonläufer ins Gespräch. Er läuft vor einem Marathon unter der Woche 10 km und 15 km und am Sonntagmorgen dann 30 km.

So läuft er im Jahr ein- oder zweimal einen Marathon.

Das hörte sich nun gar nicht mehr so schlimm an. Es schien mir doch recht überschaubar zu sein. Ich müsste dann allerdings etwas zu trinken mitschleppen. Das wäre neu für mich. Zum Zeitpunkt des Gesprächs hatte ich schon fünf Halbmarathons gelaufen und entsprechend darauf trainiert. Meine Stütz- und Laufmuskulatur sollte inzwischen die Voraussetzungen für ein Marathontraining mitbringen. Ich musste mich auch schon lange nicht mehr nach einem Lauf mit Süßem wieder aufpäppeln. Die Erholungsphasen waren jetzt weit weniger tief und viel kürzer. Also beschloss ich, es in einem Jahr am 3. April 2016 beim Freiburg Marathon zu probieren.

Ich lief im April noch zwei Halbmarathons und wechselte in der wärmeren Jahreshälfte auf die kürzeren 10 km. Die Vorbereitung für den Marathon wollte ich dann im Winter beginnen.

Nun verlief die Sommersaison aber gar nicht gut. Ende Mai musste ich in Rülzheim einen Lauf verletzt abbrechen. Ein Muskel im hinteren rechten Oberschenkel blockierte ständig und behinderte das Laufen mehr und mehr. Der Grund war ein angerissener Außenmeniskus im rechten Knie und ein Ganglion im Kniegelenk. Das wurde bei mir schon im Alter von 35 Jahren diagnostiziert und ich trug beim Volleyballspielen deswegen eine Kniebandage. Beim Laufen hatte das erst jetzt Auswirkungen. Durch diese Verletzung ist das Knie etwas instabil, was durch eben diesen Muskel aufgefangen wird. Nur irgendwann wurde dem Muskel das zu viel. Ich war bei mehreren Orthopäden, die einen wollten mich nicht operieren lassen, die anderen sofort. Jeder operative Eingriff stellt ein Risiko dar, das ich nicht eingehen wollte, wenn es nicht unausweichlich wäre. Ich ging dann zu einem vorgeschlagenen Chirurgen und lies mich von ihm beraten. Der sah keine Notwendigkeit einer Operation und schickte mich zur Laufbandanalyse. Dort wurde ich an Knöcheln,

Waden, Knien und Oberschenkeln mit Edding bemalt und verschiedene Stellen von Schuhen und Kleidung mit Klebeband markiert. Dann lief ich mal barfuß und mal mit Schuhen gut 2 km auf dem Laufband, während ich von hinten, von vorne und von der Seite gefilmt wurde. Anschließend wurden meine Fußsohlen gescannt. Auf dieser Grundlage wurden mir bestimmte Schuhe und ein gezieltes Gymnastiktraining zur Kräftigung vorgeschlagen. Zudem trug ich die Kniebandage jetzt auch beim Laufen.

Das zeigte Wirkung. Mit diesem Muskel habe ich seither keine Probleme mehr. Bei der Kontrolle nach einem Jahr zeigte sich auch, dass mein Laufstil jetzt „gesünder" geworden ist.

Marathon, ich komme!

Der Beginn

Am 13.12.2015 lief ich wieder den 10 km Auftaktlauf zur Winterlaufserie in Rheinzabern. Danach wollte ich das Training langsam auf Marathon umstellen. Bei dem 10 km Lauf traf ich einen Marathonläufer, der mir das gleiche erzählte wir der vor einem Dreivierteljahr in Karlsruhe, was mich in meinem Vorhaben bestätigte.

Ende November hatte ich mir eine gehässige Wadenverhärtung zugezogen. So konnte ich die 10 km nicht in vollem Tempo laufen. Da ich sie aber unbedingt laufen wollte, nahm ich mir vor, nicht auf Zeit, sondern zum Spaß im Wohlfühltempo mitzulaufen. Und so lief ich dann auch nur so schnell, dass die Wade nicht zu sehr schmerzte. Nach 7 km bemerkte ich dann, dass ich die Verhärtung immer weniger spüre und dass tempomäßig doch noch mehr geht. So konnte ich noch einige Mitläufer überholen und sogar noch einen ziemlich flotten Endspurt hinlegen. Ich war zwar dreieinhalb Minuten langsamer als im Vorjahr, aber ich wollte ja auch wegen des fehlenden Trainings gar nicht schneller laufen. Dieses Wohlfühltempo fühlte sich wirklich gut an.

Der PSD LaufCup über die 10 km Strecke wurde wegen einer Neuplanung für das Jahr 2016 ausgesetzt. Den Marathon wollte ich auch nicht zu schnell angehen, also könnte 2016 doch das Jahr des Laufens im Wohlfühltempo werden. In vier Wochen, am 10.01.2016 stand der nächste Lauf in Rheinzabern über 15 km an. Da wollte ich die Streckenlänge im Training mehr als notwendig steigern, dafür aber etwas langsamer laufen. Für den 20 km Lauf am 07.02.2016 wollte ich dann auch entsprechend längere Strecken trainieren, sodass die 20 km eher ein kürzerer Lauf wären. Und anschließend hätte ich noch acht Wochen Zeit für eine spezielle Marathonvorbereitung.

Diesen Plan wollte ich nach den 10 km in Rheinzabern in die Tat umsetzen.

Die Laufblockade

Aber was war jetzt nur auf einmal los?

Ich schaffte es nicht mehr, längere Strecken zu laufen. Mehr als 8 km ohne Pause waren nicht drin!

Ich bekam plötzlich Schiss vor dem Laufen. Nein, das Laufen an sich war nicht das Problem; zum Laufen musste ich mich nicht überwinden. Ich lief den Rest des Dezembers sogar ziemlich oft, ich war ja durch die kurzen Strecken nicht ausgelastet. Ich blieb zum Teil beim Laufen einfach stehen und wollte partout nicht mehr weiter. Dann kehrte ich um und lief zurück.

Ich hatte keine Ahnung, was plötzlich mit mir los war. So rätselte ich dann auch, woran das liegen konnte.

Konnte es etwa sein, dass ich zu langsam lief? Ich war zwar nicht wirklich langsam, aber ich lief ja das letzte halbe Jahr nur die schnelle Kurzstrecke. Jetzt kam es mir vor, als wäre ich nicht viel schneller als ein Spaziergänger. „Was macht es da für einen Sinn zu laufen? Anstrengend ist es auch nicht. Da kann ich ja gleich ganz stehen bleiben."

Lag es daran, dass ich durch das lockere Laufen nicht mehr auf meine drei Rhythmen achtete, die ich sonst immer synchronisieren muss, und dadurch keine Leistung mehr zustande brachte?

Vielleicht atmete ich auch viel zu flach, weil es ja nicht so anstrengend war; und dadurch konnte ich keine Leistung bringen.

Aber auch wenn ich darauf achtete, diese Fehler nicht zu begehen, kam ich nicht weiter. Dabei war es so offensichtlich, woran es lag. Ich wollte es nur nicht wahr haben: Dieser Riesenberg von einem Marathon stand vor mir; und mir mitten im Weg. Ich wusste genau, wie ich da hinaufkommen würde. Ich wusste auch genau, wie viele unendliche Kilometer vor mir lagen. So viele eintönige, langweilige und öde Kilometer, die ja doch nicht mehr so viele waren, wie ich früher gedacht hatte. Aber immer wenn ich den Kopf weit in den Nacken legte, damit ich den Gipfel sehen konnte, wurde mir dabei furchtbar schwindelig. Ich hatte einfach Angst es nicht zu schaffen. Und diese Versagensangst lies mich erstarren. Als einsamer Läufer hatte ich auch niemanden, der mich vorwärts trieb oder mit sich riss.

Und damit nicht genug. Jetzt kam auch noch mein panischer Kreislaufwächter auf die Idee, sich einmischen zu wollen.

Der panische Kreislaufwächter

Was ist das jetzt nun wieder?

In den letzten 30 Jahren hatte ich schon mehrfach eine Bluthochdruckkrise. Zweimal war ich nach einem akuten Fall stationär in Behandlung. Außer dass ich kerngesund bin, kam dabei nichts heraus. Auf der einen Seite klingt das beruhigend; ich bin ja gesund.

Auf der anderen Seite klingt das beunruhigend: Es gibt keine körperlichen Ursachen, also kann es jederzeit wieder passieren.

Es begann immer mit Herzrhythmusstörungen oder besser gesagt damit, dass das Herz plötzlich viel schneller und irgendwie „anders" schlug. Das kann viele ganz „normale" und harmlose Ursachen haben. Es folgten ein flaues Gefühl im Bauch oder leichte Übelkeit, die Wadenmuskulatur zog sich zusammen, trockener Mund, manchmal leichter Schwindel, Frösteln, natürlich ein deutliches Ansteigen des Blutdruckes und Hyperventilation. Dass ich hyperventiliere, hatte ich selbst gar nicht bemerkt. Das sagte mir erst ein Sanitäter, der mich ins Krankenhaus fuhr.

Dieses Problem hat mich, wie Ihr Euch sicher denken könnt, lange beschäftigt. Inzwischen kann ich mir das Herzstolpern erklären und auch die anschließenden Bluthochdruckkrisen. Sie waren lediglich ein Teil von Panikattacken, die ich aus einer übersteigernden Existenzangst - Todesangst wäre zu viel gesagt - aufgrund der Herzrhythmusstörungen bekam. Inzwischen sehe ich mich als „geheilt" an. Einzig das Erklimmen von hohen Aussichtstürmen unterlasse ich nach Möglichkeit, da die vielen Stufen und das Laufen im Kreis ganz ähnliche Symptome wie bei den Bluthochdruckkrisen hervorrufen (Schwindel, zusammengezogene Wadenmuskulatur, schnellerer Puls) und mich recht nervös machen.

Mehr will ich über dieses Thema, das eigene Bücher füllen könnte, an dieser Stelle nicht schreiben.

Bei meinen jetzt langsameren Läufen hatte ich die Möglichkeit, während des Laufens nachzudenken; auch über blöde Dinge. Jedes Grummeln im Magen, jedes Flattern der Jacke im Wind in Brusthöhe begann ich jetzt während des Laufens für Herzrhythmusstörungen zu halten. Mein „Kreislaufwächter" wartete nur darauf, panisch loszuschlagen. Das verunsicherte mich total. Erst als ich während des letzten Trainings im Dezember wieder schneller zu laufen begann, fühlte ich mich wieder besser.

So lief ich erst in der Woche vor dem 15 km Lauf mit 13 km so weit wie zuletzt beim Halbmarathon im April neun Monate zuvor. Deshalb hatte ich am Tag des 15 km Laufes auch noch ein bisschen Bammel vor der langen Strecke. Zudem war auch die Sache mit der Wade noch nicht ganz ausgestanden. Also wollte ich lieber nichts riskieren und wieder im Wohlfühltempo laufen.

Während des Laufes merkte ich die Wade erfreulicherweise nur einmal bei einem Anstieg nach einer Unterführung. Nach der Wendemarke bei 9 km hatte ich dann wieder richtig Spaß beim Laufen und wurde immer schneller bis hin zu einem Endspurt mit richtigem Sprint am Schluss.

Die Entscheidung

Der Verlauf der Vorbereitung und das Gefühl während des Laufes ließen mich danach zwei Entscheidungen treffen.

Erstens wollte ich das Jahr 2016 zum Jahr des Wohlfühllaufens ohne Tempodruck machen.

Zweitens wollte ich 2016 ganz sicher keinen Marathon laufen!

Mitte Januar kam ein kurzer Kälteeinbruch, während dessen ich zwei Mal lief. Ich lief nur kürzere Strecken, um nicht aufgrund der ungewohnten Kälte den panischen Kreislaufwächter wieder zu wecken.

Ende Januar bekam ich dann wieder Lust auf längere Strecken. Zwei Wochen vor dem 20 km Lauf wollte ich ein Training über 17,5 km laufen. Ich lief los und hatte bis 8 km auch richtig Bock darauf, die lange Strecke zu laufen. Dann begann plötzlich ein Muskel im Gesäß zu schmerzen und ich musste die Strecke bei

12 km vorzeitig abbrechen. Der Muskel erholte sich schnell wieder und ich hatte beim letzten Lauf vor dem 20 km Lauf über 12 km wieder richtig Spaß am langen Laufen und musste mich ein bisschen bremsen, um nicht zu „überpacen".

Der 20 km Lauf lief dann auch richtig gut. Ich lief im Wohlfühltempo und hatte auch keine Muskelprobleme. Natürlich wurde es dann ab 14,5 km aufgrund der mangelhaften Vorbereitung auf diese lange Strecke schwer und ab 17 km ganz schwer.

Nach dem Lauf erholte ich mich extrem schnell und es tat mir nichts weh. Der Wohlfühlmodus war letztlich auch die optimale Ausnutzung der momentan vorhandenen Ressourcen. Es fehlte einfach die Streckenlänge im Training. Der Kreislauf reagierte optimal nur die Muskulatur musste für die Frühjahrs-Halbmarathons noch ein bisschen nachholen.

Das vorzeitige Marathonende

Nach diesem Lauf bestätigte ich mich in meiner Entscheidung, keinen Marathon zu laufen; zumindest nicht 2016. Schließlich hatte nach dem 15 km Lauf mein Entschluss, auf den Marathon zu verzichten, für eine Befreiung gesorgt. Ich konnte die längeren Strecken endlich wieder genießen.

Nach dem Todesfall beim Frankfurt Marathon 2016 wurde Herbert Steffny, der selbst den Frankfurt Marathon dreimal gewinnen konnte, zu diesem Vorfall interviewt. Unter anderem sagte er, es gäbe Läufer, die gute Halbmarathons absolvieren, deren Körper aber einfach nicht für einen Marathon gemacht sind. Ich bin wohl im Moment psychisch nicht für einen Marathon gemacht.

Vielleicht ändert sich das irgendwann, man wird sehen.

Kapitel 3: Das neue Körpergefühl und die Lösung meiner Probleme

„Wohlfühltempo" - Hör auf Deinen Körper!
Dieses Wort ist jetzt schon ein paarmal gefallen. Ich hatte zu Beginn von 2016 beschlossen, dieses Jahr gemütlicher anzugehen.

Mir war klar geworden, dass ich mir immer noch zu viel Druck machte. Ich war zwar weitaus weniger verbissen als früher und setzte mir nur realistische Ziele, aber ich ignorierte zu oft die tatsächlichen Umstände und war einfach zu ungeduldig. Ich lernte, besser auf das einzugehen, was mir mein Körper vorschlug. Wenn es mir im Hitzetraining doch zu heiß wurde, mein Bauch zu voll war, mir etwas weh tat oder ich einfach zu verausgabt war, versuchte ich jetzt nicht mehr, irgendwie - vielleicht in langsamerem Tempo oder mit noch größerer Anstrengung - voranzukommen. Jetzt setzte ich mich auch schon mal auf eine Bank und genoss den Tag bis es wieder sinnvoll war, weiterzulaufen. Ich lernte, zu akzeptieren, dass ich nicht immer gleichermaßen leistungsbereit bin. Ich verlangte nicht mehr eine absolute Leistung von mir, sondern war zufrieden, ein relatives Niveau erreicht zu haben, das ich mir vorgenommen hatte. Je nach körperlicher oder psychischer Verfassung ist eine zum Beispiel 95%ige Leistung auf der Uhr eben mal schneller oder mal langsamer.

Ein Lauf ist jetzt auch nicht mehr nur ein Lauf, sondern Teil eines Ausflugtages. Ich packe einen Restaurant- oder Museumsbesuch, ein Bad in einer Therme oder ein Picknick am See als Sahnehäubchen ober drauf.

Noch ein Neuanfang
Das Jahr 2016 ging dann dennoch sehr unerfreulich zu Ende und

das Jahr 2017 begann alles andere als gut: Ich hatte große muskuläre Probleme und mein Kreislauf war wohl wegen des Eisschwimmens beim Laufen komplett überfordert. So verzichtete ich dann im Februar 2017 auch auf den letzten Wertungslauf der Rheinzaberner Winterlaufserie. Körperlich war ich gerade wieder fit und das wollte ich über 20 km nicht aufs Spiel setzen. Zudem war der Kreislauf komplett im Keller. Natürlich hätte ich antreten können. Ich hörte aber auf meinen Bauch und verstand, dass ein Start unter diesen Voraussetzungen keinen Sinn machte.

Trotz Wohlfühllaufens war ich Anfang 2017 schon wieder ganz tief unten. Also konnte es nur wieder aufwärts gehen. Und es ging wieder aufwärts; und zwar steiler als erhofft.

Bei der jährlichen Laufbandanalyse in der Laufarena in Lahr kam ich mit dem Sporttherapeuten etwas tiefer ins Gespräch und wir vereinbarten einen weiteren Termin. Es wurde eine Energiestoffwechseldiagnostik erstellt, um meinen derzeitigen Fitnessstand zu ermitteln. Dann bekam ich einen darauf aufbauenden Trainingsplan. Nach drei Monaten wiederholten wir das Ganze.

Nach diesem Trainingsplan musste ich jetzt viel kürzere Strecken laufen als ich es bisher gewohnt war und dazu auch noch viel langsamer. Es war ein bunter aber offensichtlich gezielter Mix aus verschiedenen Anforderungen: Intervallläufe, Steigerungsläufe, Sprints, Läufe mit wechselnder Intensität oft unterbrochen von Trabpausen. Die Intensität wuchs natürlich mit der Zeit, blieb aber unter meinen bisherigen Laufgewohnheiten.

Gerade zu Beginn war es sehr ungewohnt, so langsam zu laufen. Da brachten die Steigerungsläufe am Ende der Einheiten eine willkommene Abwechslung. Im Mittelpunkt stand weniger die Ausdauer; es war vielmehr ein Kreislaufgrundlagentraining. Denn je höher die Pyramide werden soll, desto breiter muss sie sein. In der Langsamkeit liegt die Geschwindigkeit.

Es war schon erstaunlich. In wenigen Monaten war ich wieder auf dem Niveau wie zu der Zeit von Band 1. Im Training lief ich nur kurze Abschnitte schneller als im Rennen und sonst deutlich langsamer. Und ich lief auch nie 10 km weit. Bei dem ersten Lauf während dieser Trainingsphase Anfang Juni 2017 in Rülzheim traute ich mir deswegen auch nicht viel zu und ging die erste Hälfte gemütlich an. Doch schon im nächsten Rennen in Seelbach vertraute ich dem Trainingsplan und erzielte eine gute Zeit. Ich habe keine Ahnung wie das gehen kann, aber es funktioniert. Und obendrein wurde ich durch das geringere Trainingspensum auch von keiner Verletzung mehr geplagt.

Das ist großartig!

Kapitel 4: Die Laufübersicht

Wie Ihr bereits im Vorwort erfahren konntet, folgt dieses Buch einem anderen Konzept als mein erstes Buch. Neben meiner sportlichen Vorgeschichte, Tipps zu Volksläufen, Tipps zu Nachttraining und meinen Lauftipps habe ich in Band 1 hauptsächlich meine Läufe geschildert und was ich dabei erlebt hatte. Schließlich waren diese Erlebnisse auch der Auslöser dafür, dass ich dieses Buch geschrieben hatte.

Würde ich jetzt wieder alle Läufe nacheinander schildern, würde das sicher langweiliger werden zumal sich nicht so viel Neues ereignet hat.

Die Läufe werden zwar schon alle erwähnt, aber nicht chronologisch und sie sind auf die Kapitel „Die guten Läufe", „Die schlechten Läufe" und „Die Läufe zum Schmunzeln" verteilt. Manche Läufe tauchen auch in mehreren Kapiteln auf.

Ab und zu bin ich ordentlich und mag es, wenn alles schön aufgeräumt ist. Deswegen habe ich hier der Vollständigkeit halber alle Läufe chronologisch aufgeführt. Das hilft auch denjenigen Lesern, die gerne immer genau wissen, wo sie das jeweilige Kapitel im großen Ganzen einordnen können. Ich verrate aber nicht, in welchem Kapitel welcher Lauf vorkommt:

Winterlaufserie Rheinzabern, 10 km, 13.12.2015
Winterlaufserie Rheinzabern, 15 km, 10.01.2016
Winterlaufserie Rheinzabern, 20 km, 07.02.2016
Volkslauf Rastatt, 21,1 km, 06.03.2016
Rhein-Volkslauf Maximiliansau, 21,1 km, 09.04.2016
Frühlingslauf St. Leon-Rot, 21,1 km, 08.05.2016

Südpfalzlauf Rülzheim, 5,2 km, 16.05.2016
Ortenauer Laufnacht Willstätt-Sand, 10 km, 03.06.2016
Sonnwendlauf Seelbach, 10 km, 24.06.2016
Queichtallauf Zeiskam, 10 km, 03.07.2016
Sparkassen Triathlon Herxheim, 0,5 - 20 - 5 km, 10.07.2016
Hardtseelauf Weiher, 10 km, 31.07.2016
Lußhardtlauf Hambrücken, 10 km, 14.08.2016
Oberwaldlauf Karlsruhe, 5 km, 15.10.2016
Winterlaufserie Rheinzabern, 10 km, 11.12.2016
Silvesterlauf Waldulm, 10 km, 31.12.2016
Winterlaufserie Rheinzabern, 15 km, 08.01.2017
Bienwald-Halbmarathon Kandel, 21,1 km, 12.03.2017
Osterlauf Rheinzabern, 21,1 km, 15.04.2017
Frühlingslauf St. Leon-Rot, 21,1 km, 14.05.2017
Pfingstlauf Rülzheim, 10 km, 05.06.2017
Sonnwendlauf Seelbach, 10 km, 26.06.2017
Queichtallauf Zeiskam, 10 km, 02.07.2017

Kapitel 5: Die guten Läufe

Winterlaufserie Rheinzabern, 15 km, 10.01.2016

Kurz vor diesem Lauf war ich über Silvester fünf Tage in Berlin. Endlich hatte es wieder einmal mit Berlin geklappt. Ich war jetzt schon das vierte Mal dort. Das erste Mal war ich 1987 in Berlin. Mit der Volleyballmannschaft des Turnvereins nahmen wir am Deutschen Turnfest teil, das anlässlich der 750-Jahr-Feier in Berlin stattfand. Unsere Unterkunft in West-Berlin war direkt neben der Mauer zu Ost-Berlin. Zur Erinnerung: 1987 war der kalte Krieg zwischen den westlichen und östlichen Mächten kurz davor, heiß zu werden. Deutschland lag genau dazwischen und die Siegermächte des 2. Weltkrieges waren noch bei uns stationiert. Deutschland war geteilt in BRD und DDR. Berlin, mitten in der DDR, war ebenfalls in einen West- und einen Ostteil getrennt. Zu dieser Zeit wurde „blöde Wessisau" als Schimpfwort von den West-Berlinern für die restlichen Westdeutschen benutzt.

Wir reisten aus Baden-Württemberg mit dem Auto an. An der Grenze zur DDR, dem Beginn der Transitstrecke durch den Osten, und dann vor allem auf Ostdeutschem Gebiet an der Grenze zu West-Berlin hatte wir ein ganz schön mulmiges Gefühl. Die Reisepässe und das Visum wurden ganz genau durchgeschaut und das Auto mit den Insassen mit strengem Blick gemustert. Jetzt nur keine blöde Bemerkung oder eine unpassende Grimasse machen. Wir wollten ja nicht in einem entlegenen Staatsgefängnis verrotten. Und nur starr gerade ausblicken konnte man auch nicht. Das wäre zu verdächtig gewesen und die hätten vielleicht das ganze Auto auseinandergenommen.

Auch auf der Transitstrecke gab es keine Ausreißer. Alle fuhren stur die zugelassenen 100 km/h. Zwischendurch wollte es ein Trabifahrer wissen. Mit 100,4 km/h und einem ohrenbetäubenden Lärm „raste" er an uns vorbei.

1992 war ich auf Studienfahrt in Berlin. Die Mauer war bereits gefallen und die Grenzstreifen gerade erst geräumt.

1996 war ich wieder mit Volleyballern in Berlin und die ganze Stadt war eine einzige Baustelle.

Jetzt wollte ich schauen, was aus der Baustelle geworden ist. Aber es war Silvester und wir waren die fünf Tage nur mit Autofahren und Feiern beschäftigt.

In den Pfingstferien 2016 machte ich dann mit meinen drei Söhnen eine Woche Urlaub in Berlin und wir haben uns genau angeschaut, was aus Europas größter Baustelle geworden ist.

Nach der Silvesterpause hatte ich vor diesem 15 km Lauf nur eine Trainingsgelegenheit. Ich lief 13 km in einem wortwörtlich atemberaubenden Tempo. Ich kam mir brutal schnell vor und war nach dem Lauf fix und fertig. Das musste eine Superzeit geworden sein. Erst jetzt schaute ich auf die Uhr: So langsam war ich schon lange nicht mehr. Ich war schon ein paar Tage wieder nüchtern, also kann dieser krasse Leistungseinbruch doch nur an der langen Autofahrt gelegen haben und nicht an dem vielen Alkohol in Berlin, oder doch? Nein, nein.

Vor dem Lauf war ich etwas nervös. Seit neun Monaten war ich nicht mehr weiter als 13 km gelaufen. Ich hatte immer noch meine Angst vor langen Strecken und es wurde doch Zeit, mit der Marathonvorbereitung endlich weiter zu kommen. Zudem war die Wadenverletzung, die mir vier Wochen zuvor bei dem 10 km zu schaffen gemacht hatte, immer noch nicht komplett ausgeheilt.

Also beschloss ich, auch diesen Lauf, wie schon vor vier Wochen, ohne körperliches Risiko und ohne Zeitdruck in einem angenehmen Freizeit-Tempo zu laufen.

Das Tempo machte mir Spaß. Und obwohl ich mich körperlich nicht verausgabte, konnte ich mir nicht vorstellen, schneller zu laufen. Ich bestätigte mein Vorhaben des 10 km Laufes, 2016 mehr im Wohlfühl- als im Wettkampftempo zu laufen. Die Wade meldete sich nur einmal bei einer Steigung kurz zu Wort und ab 9 km begann mir der Lauf so richtig Spaß zu machen. So viel Spaß hatte ich beim Laufen schon lange nicht mehr. Ich wurde jetzt auch etwas schneller und hatte sogar noch Lust auf einen richtigen Endspurt.

Nach 1:26:45 Stunden kam ich ins Ziel. Das war zwar über fünf Minuten langsamer als vor einem Jahr, aber für ein Wohlfühltempo schnell genug.

Und der Marathon? Ich gestand mir endlich ein, dass der Druck eines Marathons für mich im Moment zu groß ist. Mit der Vorbereitung war ich ja jetzt schon im Hintertreffen. Meine Muskulatur war jetzt endlich einigermaßen ausgeheilt. Die körperliche Belastung in der Marathonvorbereitung würde sicherlich die ein oder andere Überlastung hervorrufen, wodurch ich noch mehr ins Hintertreffen geraten würde.

Kein Marathon 2016, basta!

Rein sportlich, also von der Zeit her gesehen, verlief dieser Lauf nicht prickelnd. Meine Entscheidungen an diesem Tag führten aber zu einer großen psychischen Befreiung. Deswegen musste dieser Lauf auch den Auftakt im Kapitel der guten Läufe bilden.

Zur Belohnung ging ich in Rheinzabern in eine Pizzeria, bestelle mir leckere Pasta und ein leckeres alkoholfreies Hefeweizen. In dieser Pizzeria war ich bereits nach dem 15 km Lauf im vorigen Jahr und als ich im letzten Sommer mit meinen Kindern auf Sightseeing in der Südpfalz unterwegs war. Ich beschloss, diese Pizzeria zu meinem Stammlokal nach künftigen Läufen in Rheinzabern zu machen.

Winterlaufserie Rheinzabern, 20 km, 07.02.2016

Nach den 15 km von Rheinzabern lief ich zweimal nur eine kurze Strecke, weil ich während des vorherrschenden Kälteeinbruchs noch ein bisschen Angst um meinen Kreislauf hatte. Ende Januar wurde es wärmer und ich lief wieder mit Vergnügen längere Strecken.

Zwei Wochen vor den 20 km wollte ich einen letzten langen Lauf machen, zog mir aber eine Muskelverstimmung im Gesäß zu. So kam es, dass ich vor dem Lauf keine adäquate Länge trainieren konnte, trat aber dennoch an.

Vom Volleyballtraining am Freitag zuvor hatte ich noch einen leichten Muskelkater in den Oberschenkeln, den ich den ganzen Lauf hindurch merkte, der mich aber nicht behinderte. Ich lief im gleichen Tempo an wie beim 15 km Lauf vier Wochen zuvor. Das konnte ich natürlich nicht durchhalten, aber ich probierte es einfach, weil ich mich gut dabei fühlte. Nach 14,5 km wurde es dann immer schwerer und ab 17 km wurde es dann ganz schwer für mich. Kurz vor der 18 km Marke bogen wir auf die Wendestrecke ein. „Nur noch diese Schleife, das schaffst du noch!", sagte ich zu mir. Um die Wendemarke kurz vor 19 km bin ich dann mehr gestolpert als gelaufen. Zum Glück ging es dann ganz leicht bergab. Da konnte ich meinen Laufstil wieder stabilisieren und ein bisschen Atem schöpfen. 600 m vor dem Ziel wurde ich von vier Läufern überholt. Denen klebte ich dann bis zum Ziel an den Fersen.

Im Ziel erholte ich mich dann erstaunlich schnell und lobte mich wieder für die Entscheidung, keinen Marathon zu laufen.

Die Zeit blieb für mich bei 1:58:27 Stunden stehen. Das waren zwar über sechs Minuten mehr als vor einem Jahr, aber im Verhältnis zum 15 km Lauf konnte ich den Abstand zum Vorjahr verringern; und das trotz Wohlfühltempo! Die Gesamtzeit der Winterlaufserie war 15 Minuten langsamer als im Vorjahr. Das war vielleicht bedauerlich, aber nun mal nicht zu ändern.

Zum Wohlfühllaufen gehörte jetzt natürlich auch das Folgeprogramm. Zuerst kam das Kulinarische: Es gab Pizza und alkoholfreies Bier in meiner Pizzeria.

Anschließend kam das Kulturelle: Im benachbarten Jockgrim besuchte ich das Ziegeleimuseum. Es befindet sich in einem Haus der ehemaligen Ziegelfabrik Ludowici. Auf fast jedem Dach in Süddeutschland, das vor mindestens 45 Jahren gedeckt wurde, dürften sich wohl Ziegel mit der Prägung „Ludowici Jockgrim" befinden. Zur Ziegelherstellung waren sehr viele Arbeitsgänge notwendig, viel mehr als ich gedacht hätte. Imposant war der 90 m lange Ringofen, in dem ununterbrochen Ziegel im Kreis herum hineingestellt, gebrannt und herausgeholt wurden. Im Garten daneben steht der Prototyp eines Kugelhauses. Bei einem Durchmesser von 4,50 m bietet es alles, was ein Zweipersonenhaushalt benötigt. Es ging aber nie in Produktion.

Volkslauf Rastatt, 21,1 km, 06.03.2016

Ja, ich weiß. Im letzten Band hatte ich zu diesem Lauf geschrieben: „So etwas wie diesen Volkslauf habe ich ja noch nicht erlebt. Mit Sicherheit werde ich da nie wieder starten.“

Das hatte ich auch ernst gemeint. Nur liegt er zeitlich extrem günstig. 10 km Lauf in Rheinzabern, vier Wochen später 15 km Lauf in Rheinzabern, vier Wochen später 20 km Lauf in Rheinzabern, vier Wochen später Halbmarathon in Rastatt. Das passt perfekt. Zudem ist der Lauf nur eine halbe Autostunde entfernt, so nah war bisher noch keiner. Und jetzt wusste ich schon, was auf mich zukommt.

Weil ich da nie wieder laufen wollte, hatte ich mich auch nicht vorab angemeldet. Im letzten Moment entschied ich mich entgegen meinem inneren Groll doch noch für einen Start.

Ich ging den Lauf schon relativ flott an. Ich lief aber nur so schnell, dass ich ganz sicher sein konnte, ich würde die gesamte Distanz ungefähr in diesem Tempo durchhalten; die üblichen Abschläge am Schluss mit eingerechnet. So diktierte ich das Tempo und nicht das Tempo mich. Dadurch konnte ich - von den letzten drei Kilometern abgesehen - locker und befreit laufen. Auf der ca. 1 km langen Zielgeraden wehte uns Läufern ein sehr heftiger Wind entgegen, was das Laufen am Schluss besonders schwer machte.

Nach sehr erfreulichen 2:02:07 Stunden kam ich dann ins Ziel. Das waren zwar vier Minuten mehr als vor einem Jahr, aber ich wurde trotz Wohlfühltempos immer schneller und hatte den gleichen Schnitt wie vor acht Wochen beim 15 km Lauf.

Zu diesem Lauf habe ich natürlich noch einiges mehr zu berichten. Das könnt Ihr zwei Kapitel weiter hinten nachlesen.

Frühlingslauf St. Leon-Rot, 21,1 km, 08.05.2016

Der geneigte Leser wird an der Überschrift natürlich gleich gemerkt haben, dass zwischen diesem Lauf und dem Lauf in Rastatt ein Lauf fehlt. Das Desaster von Maximiliansau musste ich in das nächste Kapitel verschieben.

Wie Ihr aus Kapitel 1 schon erfahren habt und weiter hinten in Kapitel 6 lesen werdet, hatte ich nach einer Impfung in Maximiliansau ein Kreislaufloch, so tief wie der Grand Canyon. Die anschließenden vier Wochen war ich dabei, wieder an die Oberfläche zu kommen.

Ich traute mir keine besonders schnelle Zeit zu und habe weite Teile der Strecke damit zugebracht, mich ein bisschen zurückzuhalten. Die Strecke verläuft hauptsächlich durch einen Wald und hat angenehm viele Kurven. Slalom muss man nicht laufen, aber es gibt keine langen Geraden, die einen mürbe machen. Kurz vor 14 km biegt man auf eine Wendestrecke ab, die nicht ganz 2 km lang ist. Dieses Mal kam sie mir aber schon ziemlich lang vor. Der Vorteil ist, dass es eine Verpflegungsstelle gibt, die man somit zweimal passieren kann. Kurz nach 17 km kommt man dann wieder auf die „Hauptstrecke", dann geht es noch 1 km bis zum Waldrand und dann sind es nur noch 3 km zum Ziel. Ein guter Streckenzuschnitt.

Bei meinem ersten und letzten Frühlingslauf in St. Leon-Rot hatte ich ja die Hälfte der Strecke einen sehr schönen Po vor mir. So viel Glück hatte ich dieses Jahr leider nicht. Als wir bei 18 km aus dem Wald kamen, feuerte uns eine Cheerleaderin an und ermahnte uns, auf saubere Technik zu achten. Eine meiner Waden musste der Anstrengung Tribut zollen und begann zu schmerzen; ich konnte zwar nicht mehr schneller werden, aber noch in diesem Tempo zu Ende laufen.

Mit 2:06:28 Stunden blieb ich unter den magischen 2:06:35

Stunden, die beim Marathon einen Schnitt von unter 3 min/km und beim Halbmarathon einen Schnitt von unter 6 min/km bedeuten. In meinem zehnten Halbmarathon war das doch noch ein versöhnlicher Abschluss der Halbmarathonsaison in diesem Jahr.

Südpfalzlauf Rülzheim, 5,2 km, 16.05.2016

In den letzten Jahren fand in der Region um Karlsruhe und der Südpfalz der PSD LaufCup statt. An vier der sieben Läufe musste man teilnehmen, um in die Gesamtwertung zu kommen. 2016 wurde der PSD LaufCup ausgesetzt, das heißt die Läufe fanden zwar statt, jedoch ohne Gesamtwertung. Somit war ich nicht an die einzelnen Läufe gebunden und konnte mir die schönsten herauspicken.

Eine Woche nach St. Leon-Rot wären 10 km für meine Wade noch zu weit gewesen. Aber mit Rülzheim hatte ich noch Rechnungen offen. 2014 war ich beim Halbmarathon in der Hitze gebraten worden. Ich habe zwar daraus gelernt und kann inzwischen in der Hitze laufen, aber ich habe mir angewöhnt, in der warmen Jahreshälfte die kürzeren Strecken zu laufen und die längeren, wenn es kühler ist.

2015 musste ich beim 10 km Lauf verletzungsbedingt nach 6 km aufgeben.

Dritter Start, dritte Strecke. Irgendwann musste es doch klappen.

Meine Wade spürte ich zwar noch, aber 5 km müssten zu schaffen sein. Außerdem war es eine gute Gelegenheit, die Schnelligkeit zu testen.

Nach der Anmeldung hatte ich die Startnummer erhalten und an meinem Trikot befestigt. Wie ich da so herumlief, habe ich mich ein bisschen geschämt. An der Farbe der Startnummer konnte man erkennen, welche Strecke man läuft. Und 5 km, was ist das schon? Zwischen den „Halbmarathonis" und den 10 km Läufern kam ich mir völlig verloren vor, als ob ich nicht dazugehören würde. Beim Laufen sind Zeit und Strecke eigentlich Nebensache. Dass man überhaupt läuft, darauf kommt es an. Aber am liebsten hätte ich mir ein Plakat umgehängt, dass ich hier auch schon Halbmarathon und 10 km gelaufen bin, dass ich die 5 km nur laufe, weil ich verletzt bin. Entschuldigung!

Ich versuchte, ein relativ hohes Tempo anzuschlagen und durchzuhalten. Zwischen 3 km und 4 km hatte ich einen kleinen Durchhänger, dann riss ich mich zusammen und beschleunigte wieder. 1 km vor Schluss verhärtete sich der Wadenmuskel, was aber keinen Einfluss auf die Geschwindigkeit hatte. Mit Wohlfühltempo hatte das Ganze nichts mehr zu tun. Ich lief fast die ganze Zeit am Limit und sagte mir unterwegs immer wieder abwechselnd: „Das schaffst du - es sind nur 5 km - es ist ja bald vorbei - nie mehr laufe ich 5 km - das schaffst du - es sind nur 5 km - es ist ja bald vorbei - nie mehr laufe ich 5 km...“

Nach 27:02 Minuten war ich dann endlich im Ziel. Unglaublich, dass einem so eine kurze Strecke so lang vorkommen kann. Das entsprach einem Schnitt von 5,2 min/km. Vor eineinhalb Jahren bin ich 10 km in diesem Tempo gelaufen und es war nicht so anstrengend. Aber ich lief gerade vor einer Woche noch einen Halbmarathon und hatte schon Monate keine schnellen, kürzeren Distanzen gelaufen. Deswegen war ich mit der Zeit durchaus zufrieden. Ich wurde 49. von 117 Läufern. Bei meinen 10 km Läufen bin ich regelmäßig am oberen Ende des hinteren Drittels platziert. Jetzt war ich nicht nur in der schnelleren Hälfte, ich war bei 42 %! Auch wenn ich mir zuvor wegen der kurzen Distanz etwas blöde vorkam, war das doch eine Zahl, mit der man angeben konnte.

Ortenauer Laufnacht Willstätt-Sand, 10 km, 03.06.2016

Willstätt ist weniger als 15 Minuten von mir zuhause entfernt und dieses Jahr überlegte ich zum ersten Mal, ob ich mitlaufen sollte. 2014 lag der Lauf uninteressant zwischen zwei Halbmarathons und 2015 kollidierte er mit dem Südpfalzlauf in Rülzheim. Dieses Jahr hingegen gab es keine Terminprobleme, vielmehr wäre es mein erster 10 km Lauf in diesem Jahr gewesen und gerade zweieinhalb Wochen zuvor hatte ich in Rülzheim Fahrt auf der Kurzstrecke aufgenommen.

Es schüttete schon die ganze Woche wie aus Kübeln und es war kein Ende abzusehen. Wenn der Lauf auch noch so nah war, das wollte ich mir dann doch nicht antun. Als am Tag des Laufes für den Abend ein entsprechend trockenes Zeitfenster angekündigt wurde, packte ich aber schnell entschlossen meine Sachen und fuhr nach Willstätt.

Von dem ganzen Drumherum her hätte es laut Werbung ein vergleichbares Lauffest werden sollen, wie ich es von Seelbach schon gewohnt war. Das war es leider nicht. Die Ansätze waren zwar zu erkennen, im Vergleich zu Seelbach war es aber ein kleiner und billiger Abklatsch. Zudem war die Strecke ein enger Rundkurs, der viermal zu durchlaufen war. Diese Strecke war zum Teil wirklich ein Slalom.

Ich ging natürlich nicht so schnell an wie in Rülzheim; die Strecke war ja länger. Aber ich lief sportlich los. Nachdem ich mich in Rülzheim schon gequält hatte, blieb auch in Willstätt das Wohlfühltempo in der Umkleidekabine. Ich hatte einfach Spaß an der höheren Geschwindigkeit und an der größeren Anstrengung. Nach zwei Runden merkte ich auch, dass an dem Tag etwas gehen könnte. Ich behielt das Tempo bei und konnte auf dem letzten Kilometer immer noch Druck machen. Die Uhr blieb noch vor 55 Minuten stehen: 54:52 Minuten. Damit war ich sehr zufrieden. Kaum im Ziel fing es schon wieder leicht zu regnen an. Gemütlich gönnte ich mir ein Siegerbier mit frischen Erdbeeren. Der Regen wurde wieder stärker und ich ging zum Duschen in die Halle. Nach dem Umziehen wollte ich mir noch einen Schnitzelweck und ein Bier holen. Dazu musste ich zum Hinterausgang der Halle hinaus. Dort standen im Freien in einem Kreis verschiedene Essens- und Getränkestände. Es goss wieder wie aus Kübeln. Mit einem Bier in der Hand wartete ich unter einem Vordach auf mein Schnitzel und hoffte, dass es fertig würde bevor das Wasser den Grill erreicht. Aber die fünf Feuerwehrleute, die hinter mir auch auf ihr Schnitzel warteten, würden sicher vorher das Wasser abpumpen.

Obwohl ich nicht weit entfernt wohne, kenne ich mich dort nicht gut aus. So habe ich dann auch den ausgeschilderten Parkplatz benutzt, der etwas mehr als einen Kilometer von der Halle entfernt war. Dahin musste ich jetzt im strömenden Regen wieder zurücklaufen. Ich bin ein ausgesprochener Kopfbedeckungs- und Schirmverweigerer. So ging es nicht lange, bis sowohl ich als auch meine Sporttasche komplett durchnässt waren. Auch mit Schirm wäre ich kaum weniger nass am Auto angekommen.

Es war zwar angenehm, dass ich einen Lauf mitgemacht hatte, der wirklich einmal in meiner Nähe war, aber wegen der Strecke werde ich Willstätt künftig allenfalls als Lückenfüller nutzen.

Queichtallauf Zeiskam, 10 km, 03.07.2016

Zum ersten Mal lief ich 2014 in Zeiskam. Da hatte ich gerade die Lehren aus dem Hitzedebakel in Rülzheim gezogen und entsprechend trainiert. Das konnte ich gut gebrauchen, denn es war auch in Zeiskam sehr heiß und die Hälfte des Laufes führte durch die windstille, pralle Sonne.

2015 war es ebenso heiß und ich war gar nicht angetreten.

Dieses Mal lief ich wieder mit. Es war zwar nicht so heiß, aber immer noch sehr warm. Weil mein Kreislauf beim Sonnwendlauf in Seelbach eine Woche zuvor sehr gelitten hatte (siehe Kapitel 6), wollte ich den Lauf mal wieder in einem Wohlfühltempo absolvieren. Also ging ich entsprechend vorsichtig an. Bis zur Hälfte lief ich einen Schnitt von 5,6 min/km. Fast seit dem Start lief ich zusammen mit zwei älteren Herren ein sehr gleichmäßiges Tempo. Kurz nach 5 km kam eine Abzweigung und wir liefen wieder Richtung Ziel. Jetzt wurden wir drei etwas schneller. Einer der beiden anderen fiel schnell zurück und an den anderen hängte ich mich dran. „Wohlfühltempo oder nicht - egal, das will ich jetzt wissen." Er hatte vor dem Start erzählt, dass er normalerweise schneller läuft, aber gerade eine Operation überstanden hatte und sich wieder konditionell herankämpfen wollte. Es fiel mir leicht, mit ihm mitzuhalten. Das hing auch mit dem Streckenzuschnitt zusammen, der gut zu meinem psychischen Profil passt. Es kamen jetzt Abschnitte, die zum Ziel hin immer kürzer wurden und die Verpflegungsstation befand sich genau an der Stelle, an der ich bei dieser Distanz meistens einen kleinen Durchhänger habe. Wir beide wurden immer schneller und schneller. Auf dem letzten Streckenabschnitt begann ich dann mit einem langen und schnellen Endspurt. Nach 54:56 Minuten kam ich ins Ziel und hatte 24 Sekunden Vorsprung vor meinem Mitläufer herausgeholt.

Hardtseelauf Weiher, 10 km, 31.07.2016

Der Hardtseelauf in Ubstadt-Weiher liegt nicht nur terminlich günstig zwischen meinen anderen Läufen, er ist auch eine meiner Lieblingsstrecken. Der Laufzuschnitt passt mit seinen Abschnitten gut zu meinem Laufprofil, er ist, obwohl er im Hochsommer stattfindet, aufgrund der Umgebung doch nicht so sehr heiß, aber vor allem landschaftlich ist er sehr schön und abwechslungsreich. Er führt an fast allem vorbei, was man sich an Schönem denken kann: See, Rasen, Wiesen, Allee mit Obstbäumen, Wald - und das in einer gelungenen Mischung.

Weil im Vorjahr wegen des Fehlers eines Streckenpostens sich einige Läufer der Spitzengruppe plötzlich im hohen Gras einer Sackgasse neben der Autobahn wiederfanden, hat der Ruf etwas gelitten. Das wird wohl auch der Grund gewesen sein, dass der Hardtseelauf im PSD LaufCup 2017 nicht mehr vorgesehen ist.

Wieder ging ich den Lauf eher ehrgeizig als gemütlich an. Nach 54:14 Minuten kam ich ins Ziel. Das war wieder eine Zeit unter 55 Minuten, schneller war ich zuletzt nur ebenfalls in Weiher vor genau einem Jahr und das, obwohl ich im Training dieses Jahr nicht „voll durchziehe".

Ich traf einen „alten Bekannten", der seit unserem letzten gemeinsamen Lauf unglaublich viel abgenommen hatte und jetzt nur noch dick war. Dafür habe ich ihn natürlich gelobt. Er ist ein Musterbeispiel dafür, dass man Läufer nicht unbedingt am Äußeren erkennt. Er ist viel zu übergewichtig und hat einen gar nicht sportlich aussehenden Laufstil. Aber mit über 60 Jahren läuft er weiterhin mit Begeisterung Ultramarathons von bis zu 100 km Länge. Unglaublich!

Der Wohlfühlteil dieses Laufwochenendes kam nach dem Lauf. Im benachbarten Stettfeld ist ein Römermuseum, das ich besichtigen wollte. Da es erst nachmittags öffnete, musste ich die Zeit überbrücken. Am Baggersee gibt es ein Strandbad. Aber nur um zwei Stunden zu überbrücken, war mir der Eintritt zu teuer. Also spazierte ich am eingezäunten Ufer bis zur nächsten Stelle mit freiem Zugang zum Wasser. Die kam aber nie. Der Baggersee war doch tatsächlich ringsherum komplett eingezäunt. Da bin ich zurück zum Auto, habe ein kleines bisschen gelesen und ein größeres bisschen geschlafen.

Das Römermuseum war sehr lehrreich. In modernem Gewand und sehr anschaulich bringt es das Leben näher, wie es sich vor etwa 1.800 Jahren genau hier an der Kreuzung von zwei bedeutenden römischen Straßen wohl abgespielt hat. Interessant war auch, dass nach neueren Erkenntnissen das alte Rom nicht etwa weiß in weiß war. Öffentliche Statuen, Reliefs, Weihesteine, Friese u. a. waren bunt!

Auf dem Heimweg machte ich einen Abstecher zu einem Baggersee bei mir in der Gegend, an dessen Ufer ich ganz genüsslich einen unterwegs gekauften Döner verspeiste.

Oberwaldlauf Karlsruhe, 5 km, 15.10.2016

Nach dem gemütlicheren Frühjahr wollte ich über die kürzeren Distanzen wieder etwas Geschwindigkeit zulegen. Und so machte ich mir einen längerfristigen Trainingsplan zurecht, mit dem ich nach dem 5,2 km Lauf in Rülzheim begonnen hatte. Ich lehnte mich dabei an den letzten Trainingsplan an, dank dessen ich knapp über 52 Minuten gelaufen war, und erweiterte ihn dann um immer längere schnelle Intervallläufe. Ich arbeitete ihn aber nicht am Stück ab, sondern in vereinzelten Einheiten, die ich ab und zu in den normalen Trainingsablauf einstreute wenn es gerade passte. So zog es sich in den Oktober hin, bis endlich ein schneller 5 km Lauf auf dem Programm stand. Aufgrund von verschiedenen Unpässlichkeiten konnte ich in den Wochen davor nur wenige spezielle Trainingseinheiten abarbeiten, aber jetzt war es endlich an der Zeit und viele andere Gelegenheiten gab es nicht.

Diese Strecke durch den Oberwald bei Karlsruhe-Rüppurr ist sehr schön und ich war sie bei zwei 15 km und einem 10 km Lauf auch schon gelaufen. Leider sind 5 km zu kurz, um eine schöne Strecke wirklich ausgiebig genießen zu können.

Vor dem Lauf waren die 5 km und die 10 km Läufer, die auch starteten, nicht voneinander zu unterscheiden und ich musste mich nicht wegen der kurzen Strecke schämen.

Der Lauf gestaltete sich gut. Nur zwischen 3 km und 4 km hatte ich einen kleinen Durchhänger. „Irgendwann muss doch das nächste Kilometertäfelchen kommen", sehnte ich den letzten Kilometer herbei. Als es endlich in Sicht kam, lief es auch wieder besser. Ich musste mir jetzt nicht mehr andauernd versichern: „Nie wieder laufe ich 5 km!" Das hatte ich mir in Rülzheim ja auch schon versprochen und nicht gehalten. Auf den letzten 500 Metern versuchte ich einen kleinen Endspurt, aber es ging einfach nicht mehr schneller. Die

Muskulatur wäre schon gerne schneller gelaufen, aber die Atmung kam einfach nicht hinterher.

Nach 25:12 Minuten kam ich dann ins Ziel. Das entsprach zwar nicht dem Optimalwunsch einer Zeit unter 25 Minuten. Aber ich war ganz knapp dran und zufrieden, unter 5,1 min/km gelaufen zu sein.

Noch viel zufriedener und stolzer war ich mit meiner Platzierung: Ich wurde 30. von 94 Startern und landete somit im ersten Drittel des Feldes!

Silvesterlauf Waldulm, 10 km, 31.12.2016

Im Dezember war ich nicht allzu viel gelaufen. Die Heilung der muskulären Probleme, die ich mir in der Fußsohle, dem Oberschenkel und der Hüfte Anfang Dezember in Rheinzabern zugezogen hatte (siehe Kapitel 6), wollte ich nicht durch übermäßiges Training behindern. Allerdings wollte ich in acht Tagen über die 15 km in Rheinzabern starten. Also musste ein Test her. Es musste doch irgendwo einen Silvester- oder Neujahrslauf geben. Bei meiner Suche stieß ich dann auf den Silvesterlauf in Kappelrodeck-Waldulm. Das liegt nicht einmal zehn Autominuten von mir entfernt. Also nichts wie hin.

Dieser Silvesterlauf war ein Spendenlauf ohne Zeitnahme und ohne Startgebühr. Man durfte für die Teilnahme so viel spenden, wie man wollte. Ich spendete in der Höhe der üblichen Startgebühr für einen 10 km Lauf.

Beim Einlaufen spürte ich die Hüfte und den Oberschenkel schon deutlich. Aber ich wollte es dennoch mit den 10 km versuchen. Zur Not hätte ich unterwegs noch auf die kürzeren 7,5 km wechseln können.

Natürlich kenne ich mich in der Gegend um Waldulm etwas aus, den Streckenverlauf konnte ich allerdings aus dem Gedächtnis nicht so recht nachvollziehen. Ich wusste nur, dass es hügelig wird. Also musste ich mich überraschen lassen.

Nach dem Start ging es zuerst auf eine Stadionrunde und dann in die Hügel des Nachbarortes Kappelrodeck. Dann schnitten wir Kappelrodeck am Rand und liefen die meiste Zeit durch die Felder.

Dieser Lauf hat mich total begeistert. Es ging die Hügel auf kürzeren steileren Anstiegen hinauf, um dann jeweils eine längere Strecke das sanfte Gefälle nutzen zu können. Ab dem Start merkte ich nichts mehr von meinen Beschwerden. Ich hatte zwar Bedenken, dass sie gegen Ende des Laufes zurückkommen könnten, aber ich blieb komplett beschwerdefrei. Die Temperatur lag knapp unter null Grad und alles war von einer Reifschicht bedeckt. Von der Sonne war zwar nichts zu sehen, aber hier und da funkelten die Eiskristalle, die alle Bäume mit einer malerischen Kruste überzogen. War das schön anzusehen!

Unterwegs gab es leider keine Kilometertäfelchen und ich wusste nicht, wie schnell ich war. Ich hatte mir keine Zeitvorgabe gestellt, weil der Lauf ja nur ein Muskeltest sein sollte, und war dann überrascht, dass ich mit 56:15 Minuten schneller war als in den beiden letzten 10 km Läufen.

Anschließend gab es in der Halle leckeren Glühwein, alkoholfreies Bier und Weihnachtsplätzchen.

Osterlauf Rheinzabern, 21,1 km, 15.04.2017

Der Osterlauf war 2017 mein zweiter Halbmarathon. Anfang Januar waren mir die 15 km in Rheinzabern weniger gut bekommen und ich war auch recht langsam. Vor fünf Wochen im März konnte ich den Bienwald-Halbmarathon nicht am Stück durchlaufen und seit Februar hatte ich ein Trainingsprogramm, das hauptsächlich auf Kreislaufgrundlagentraining ausgerichtet war und nur Strecken unter 10 km Länge vorsah. Ich war also vom Trainingsstand nicht wirklich auf einen Halbmarathon vorbereitet. Oberstes Ziel war für mich das Ankommen. Zweites Ziel war eine schnellere Zeit als in Kandel im Bienwald. Schön wäre eine Zeit unter 2:10 Stunden gewesen, das war aber kein Muss.

Da auf der einzigen längeren Geraden gleich zu Beginn ein nicht unerheblicher Gegenwind wehte, ging ich die ersten Kilometer etwas langsamer an. Im weiteren Verlauf störte der Wind nicht zu sehr, weil es auf dieser Strecke sonst keine längeren Geraden gibt und somit der Wind auch mal von der Seite oder von hinten kommt und einige Passagen windgeschützt sind.

Ich traute meiner Muskulatur kein besonderes Tempo über die ganze Distanz zu und wollte nicht schon zu Beginn „mein Pulver verschießen". Also blieb ich bei dem Tempo und „hakte" mich bei ein paar Läufern hinten im Feld ein. Ab 6 km wurden die anderen langsamer und fielen zurück. Überholt wurde ich ab da auch nicht mehr und sammelte vielmehr bei gleichbleibendem Tempo vereinzelte Läufer ein.

Ab 14 km begannen meine Oberschenkel, wegen des mangelnden Trainings zu schmerzen. 500 m weiter überholte ich eine Läuferin, die schon vorher ein paar Mal stehen geblieben war und von der ich mich schnell absetzen konnte. Ab jetzt lief ich alleine; ganz alleine. Vor mir sah ich niemanden und hinter mir sah ich bald auch keinen mehr.

Bei 16,5 km war es dann schon recht schwer, gegen die Müdigkeit der Muskulatur anzukämpfen. Geschickterweise stand genau da ein Getränkestand. Frisch gestärkt lief es wieder etwas besser und ich kämpfte mich zum Wendepunkt bei 18,5 km durch. Jetzt war ich auf dem direkten Weg zum Ziel. Jetzt hieß es nur noch: „Durchhalten!" Das wäre natürlich viel einfacher mit einem Mitläufer gewesen. Vor zwei Jahren pushten wir uns beim Osterlauf auf den letzten Kilometern zusammen zu einer Zeit unter zwei Stunden. Jetzt konnte ich nur noch gerade so die Geschwindigkeit aufrechterhalten. Zuletzt ein Abzweig und auf dem letzten Kilometer Gegenwind. Aber wenn man schon 20 km geschafft hat, kann einen nichts mehr aufhalten.

Im Ziel hatte ich eine Zeit von 2:11:39 Stunden erreicht; also konnte ich beide Ziele verwirklichen. Was noch besser war: keine muskulären Probleme. Und was das Schönste war: Ich hatte den ganzen Lauf hindurch einen Heidenspaß.

Nach dem Duschen gönnte ich mir ein alkoholfreies Bier und einen Imbiss. Danach fuhr ich eine halbe Stunde nach Bad Schönborn und ließ meine Muskeln im Sole-Thermal-Bad entspannen.

Was für ein herrlicher Tag!

Pfingstlauf Rülzheim, 10 km, 05.06.2017

Vorgeschichte: Vor drei Jahren das Halbmarathondesaster in der Hitze, vor zwei Jahren der Abbruch des 10ers wegen einer Verletzung, letztes Jahr die 5,2 km mit Schmerzen auf dem letzten Kilometer - und dieses Jahr stand ich schon wieder hier in Rülzheim. Ich konnte es nicht lassen. Aber irgendwann musste es hier ja auch mal einen schönen Lauf geben.

Ein riesiges Tief im Winter, erst zwei Wochen im Trainingsplan für kürzere und schnellere Strecken, das letzte Rennen der unglückliche Halbmarathon in St. Leon-Rot: Das war keine gute Ausgangslage für den ersten 10er in diesem Jahr. Und trotzdem peilte ich die Zeit meines letzten 10ers von Anfang Dezember an. Die war zugegebener Maßen nicht besonders, aber ich wusste nicht, wo ich stand.

Ich war recht früh dran und so hatte ich nach der Anmeldung und dem ersten Aufwärmen Zeit, mir den neuen „Alla Hopp" anzuschauen und auszuprobieren. Das ist eine sehr große und vielseitige Sport-, Spiel- und Begegnungsstätte für alle Generationen. Die Dietmar Hopp Stiftung hatte für die 19 „Alla Hopps" in der Rhein-Neckar-Region 42 Millionen Euro zur Verfügung gestellt.

Gemäß den Motti „Weniger ist oft mehr" und „ich will mich beim Laufen wohlfühlen" ging ich den Lauf in einem komfortablen, gemütlichen Tempo an. Kurz vor der Hälfte zog ich dann ein bisschen das Tempo an und ab 5 km - bei einer Durchgangszeit knapp unter 30 Minuten fühlte ich mich noch recht frisch - gab ich die Zügel dann frei.

Mit einer Zeit von 56:54 Minuten hatte ich im Ziel mein Vorhaben erreicht. Vor allem die zweite, wirklich schnelle Hälfte machte mir Selbstvertrauen und Mut. Und weh tat mir auch nichts.

Fazit: Es kann also doch schöne Läufe in Rülzheim geben.

Sonnwendlauf Seelbach, 10 km, 23.06.2017

Der Sonnwendlauf 2016 forderte einige Hitzeopfer. Auch mir erging es schlecht, was aber nicht wirklich an der Hitze lag (Kapitel 6). Auch in diesem Jahr war es wieder sehr warm. Der Veranstalter tat mit vielen Getränke- und Wasserstellen und einem kühlen Sprühnebel, der zweimal durchlaufen wurde, was in seiner Macht stand. Und dieses Mal hatten auch die Zuschauer vorgesorgt. Die gesamte Strecke der zweimal zu durchlaufenden 5 km Schleife ist von Zuschauern gesäumt. Ein Großteil der Strecke führt durch die Stadt. So hatten viele Anwohner ihre Möglichkeiten für die Kühlung der Läufer genutzt. Rasensprenger, sonstige Wasserspiele und Anwohner mit aufgedrehten Gartenschläuchen versorgten die Läufer mit kühlem Nass - herrlich!

Dieses Mal vertraute ich dem Trainingsplan, dass ich eine hohe Geschwindigkeit durchhalten würde, und lief angesichts der Wärme mit 54:41 Minuten eine hervorragende Zeit. Als 344. von 530 Läufern erreichte ich seit Langem auch wieder eine Platzierung im Mitteldrittel. Ja, so macht das Spaß!

Queichtallauf Zeiskam, 10 km, 02.07.2017

Am Morgen eines Laufes frühstücke ich meistens ein süßes Marmeladen- oder Honigbrot. Nun war mein Honig aber alle und ich ging am Samstag zuvor noch Honig kaufen. Jetzt ratet mal, was es als Antrittsgeschenk in Zeiskam gab: Honig!

Ich hatte mir eine gute Zeit vorgenommen und das Wetter spielte auch mit. Das erste Juliwochenende ist meistens sehr heiß. Dieses Jahr war es erfreulicherweise nur ein durchschnittlicher Sommertag.

Alles lief hervorragend. Dann kam die Getränkestelle bei 6,5 km und ich wollte noch mal zulegen. Das gelang zwar, aber nicht in dem Umfang, wie ich es erhofft hatte. Das letzte anstrengende Rennen war auch gerade mal neun Tage her.

Meine Zeit waren 53:22 Minuten. Das war in meinem 25sten 10 km Lauf meine drittbeste Zeit. Ich war bei den schnellsten 58 % der Läufer und somit fett im Mitteldrittel platziert.

Ich konnte das kaum glauben, wenn ich daran dachte, wie schlecht es mir noch vor nicht einmal fünf Monaten ging.

Gut abzuschneiden ist für mich wirklich nicht das Ziel beim Laufen. Es ist das Laufen selbst, um das es mir geht. Wenn ich dann aber eine gute Zeit laufe und im Vergleich zu den Mitläufern auch noch gut platziert bin, ist das noch das i-Tüpfelchen, das Sahnehäubchen obendrauf.

Kapitel 6: Die schlechten Läufe

Winterlaufserie Rheinzabern, 10 km, 13.12.2015

Zu Beginn des Auftaktes der schlechten Läufe möchte ich ein paar kurze Sätze zur zeitlichen Einordnung schreiben. Wir befinden uns im Jahr 2015. Ich hatte gerade meine Knie- und Muskulaturprobleme dank der Laufanalyse mit den Maßnahmen der Kniebandage, der neuen Schuhe und der speziellen Gymnastik überwunden.

Im November bin ich kaum gelaufen. Zuerst hatte ich neun Tage keine Gelegenheit zu laufen. Dann war ich über ein Wochenende in Bad Dürrheim und lief dort. Auf der Strecke war ein sehr steiler Abschnitt. Wäre ich gegangen, wäre ich auch nicht langsamer gewesen, aber ich wollte auch diesen Teil unbedingt laufen. Ich hatte hinterher auch keinerlei Probleme. Zwei Tage später spürte ich dann allerdings beim Einlaufen zum Volleyballspielen plötzlich meine rechte Wade, was mich beim Volleyballspielen nicht behinderte. Den nächsten Trainingslauf musste ich dann allerdings nach 2 km abrechen, weil unvermittelt Schmerzen in der Wade auftraten und immer schlimmer wurden. Ich nehme an, die Probleme kamen durch diese sehr steile Strecke.

Die Schmerzen klangen in den nächsten zehn Tagen ab, bis ich wieder normal laufen konnte, nur um unvermittelt beim letzten Test vor dem 10 km Lauf wieder zu kommen.

Entsprechend vorsichtig ging ich den 10 km Lauf in Rheinzabern an. Es hätte mehr Sinn gemacht, darauf zu verzichten, aber ich wollte unbedingt in die Wertung der Winterlaufserie kommen und das mit einer guten Zeit.

Gegen Ende des Laufes wurde die Wade immer lockerer und ich schneller. Da ich nicht verausgabt war, konnte ich auch noch einen fulminanten Endspurt hinlegen. Meine Zeit betrug 56:17 Minuten. Das war dreieinhalb Minuten langsamer als im Vorjahr.

Mir war von vorneherein klar, dass ich nicht schnell würde laufen können, und ich hatte als Vorgabe nur das Ankommen.

Trotzdem hat es mich geärgert, dass ich so langsam war, und außerdem lief ich fast Dreiviertel des Rennens mit Schmerzen. So konnte ich diesen Lauf nur zu den schlechten Läufen zählen.

Das hinderte mich aber nicht daran, es mir gut gehen zu lassen. Anschließend ging ich in die örtliche Pizzeria und lies es mir schmecken.

Rhein-Volkslauf Maximiliansau, 21,1 km, 09.04.2016

Nach diesem schlechten Zehner kam ja mein persönliches Marathontief mit den langsameren Wohlfühlläufen, um meine Seele zu massieren. Ziel war nicht die Zeit, sondern der Spaß. Als ich dann wieder mit Spaß trainieren und laufen konnte, wurden meine Zeiten auch wieder schneller. In Rastatt war ich fünf Wochen zuvor nur noch vier Minuten langsamer als im Vorjahr bei meiner bisherigen Bestzeit. Deswegen wollte ich in Maximiliansau noch ein bisschen nachlegen.

Im Herbst 2015 hatte ich durch Zufall festgestellt, dass meine sämtlichen Schutzimpfungen, die ich als Kind erhalten hatte, nie aufgefrischt wurden, und deswegen schon längst abgelaufen waren. Eine Auffrischung hätte gar nichts gebracht. Ich musste erneut die volle Dröhnung erhalten. Zuerst lies ich mich gegen Zecken impfen, da ich viel in der Natur und auch im Wald unterwegs bin. Baden-Württemberg ist ein Risikogebiet für FSME. Eine Zeckenschutzimpfung erhielt ich zum ersten Mal. Sie besteht aus drei Teilimpfungen. Diese Impfungen hatte ich problemlos vertragen und sie beeinträchtigten mich nach zwei Tagen Pause auch nicht in meiner Leistungsfähigkeit.

Dann kam die erste Kombinationsimpfung gegen Diphterie und Tetanus am 15.03.2016. Die haute schon ordentlich rein. Deswegen verzichtete ich auf den Rißnertlauf fünf Tage später am 20.03.2016. Auch auf den Osterlauf in Rheinzabern am 26.03.2016 verzichtete ich. Ich trainierte zwar schon wieder, aber für einen Halbmarathon hätte es noch nicht gereicht.

Am Tag nach dem Termin des Osterlaufs machte ich wieder einen schnellen Trainingslauf über 13,5 km und hatte keine Probleme. Ab da trainierte ich wieder normal.

Weitere zwei Wochen später stand dann der Halbmarathon in

Maximiliansau auf dem Programm. Die beiden letzten Jahre herrschte ein kräftiger Nordwind, der einem zwischen 8 km und 17 km immer ordentlich entgegen blies. In diesem Jahr gab es nur einen leichten, wechselnden Wind. Bis zur Wende bei 8 km lief auch noch alles gut. Und auch danach im ausbleibenden Gegenwind ging es mir gut. Ab 10 km begann ich dann langsamer zu werden, ohne dass ich es wollte, und das Laufen wurde immer beschwerlicher. Bei 15 km war ich schon komplett fertig. Ich schleppte mich am Rheinufer weiter, bog um die Ecke, dann kam noch eine Kurve und es ging unter einer Brücke hindurch. Da blies mir plötzlich ein Gegenwind heftig ins Gesicht und alles war aus. Ich konnte nur noch gehen. Nach einem Kilometer lief ich dann wieder bis zur Verpflegungsstation beim 20 km. Dort blieb ich stehen und trank und aß erst einmal gemütlich. Schließlich lief ich weiter und kam bei 2:14:48 Stunden ins Ziel. Ich brauchte fast elf Minuten länger als im Vorjahr. Im Ziel stand ich bei einer Mitläuferin, die vor mir ins Ziel kam und auf ihrem Smartphone laut ihre Kilometerzeiten ablas: „6:12 Minuten, 6:19 Minuten, 6:15 Minuten ...“ Das machte mich rasend, da ich diese Zeiten normalerweise „rückwärts“ laufe.

Es dauerte ein paar Tage, bis ich begriff, dass es an den Impfungen gelegen haben musste. Sie waren ja erst drei Wochen her. Weil Trainingsläufe kürzer und langsamer sind, und ich keine Probleme hatte, dachte ich überhaupt nicht mehr an die Impfungen.

Vier Wochen später in St. Leon-Rot war ich dann wieder auf dem Damm.

Sonnwendlauf Seelbach, 10 km, 24.06.2016

Der Sonnwendlauf in Seelbach ist wegen seines Flairs einer meiner Lieblingsläufe. Die beiden letzten Jahre war ich hier auch sehr gute Zeiten gelaufen. Der letzte Halbmarathon lag zwar nur sieben Wochen zurück, aber ich hatte in Rülzheim über 5,2 km und in Willstätt über 10 km schon hoffnungsvolle Zeiten in der Kurzstreckensaison erzielt. Aufgrund dieser Ergebnisse und meines Trainings hatte ich eine Zeit unter 54 Minuten angepeilt.

Ende Juni ist bei uns eine Zeit, in der das Wetter stark umschlagen kann: Starkregen, Gewitter, Hitze, das alles kann relativ kurzfristig eintreten. Aber dieses Jahr schienen wir wieder Glück zu haben. Es sollte kein Gewitter und keinen Regen geben. Sehr warm war es schon, aber der Lauf startete um 20:00 Uhr und bis dahin sollte es doch etwas abgekühlt haben.

Vor Ort war es dann warm, aber nicht zu warm und auch nicht zu schwül. Es müsste ein guter Lauf werden.

Ich ging mit 5,3 min/km an und lies mich an der richtigen Stelle im Feld mitziehen. Es war auch nicht zu anstrengend. Die ersten drei Kilometer liefen ganz leicht und ich hatte gute Laune und die Hoffnung auf eine gute Zeit.

Dann kam ein längerer, nicht ganz leichter Anstieg. Den war ich ja schon oft genug gelaufen und ich wusste, wie ich den zu meistern hatte. Doch oben angekommen ging fast nichts mehr. Antriebslos lies ich mich den Hügel dahinter hinabtreiben. Ich war plötzlich völlig fertig. „Überhitzt", war meine Diagnose. Jetzt hieß es, nicht weiter zu überhitzen und wieder abzukühlen. Es wurde und wurde nicht besser. Ich hätte beim ersten Zieldurchlauf nach 5 km stehen bleiben sollen. Aber nach einer Runde wollte ich doch nicht schon aufgeben!

Ich lief gerade noch so schnell, dass ich nicht weiter überhitzte, und rettete mich nach 1:01:52 Minuten gerade noch so ins Ziel. Kaum hatte ich die Ziellinie überquert, begannen meine Knie auch schon jämmerlich zu zittern. Ich ging langsam in Richtung Rotes Kreuz, da wäre ich gut aufgehoben, falls ich umkippen sollte. Aber gerade rückte die gesamte Mannschaft aus, um einen weiteren Läufer zu holen.

Etwas weiter hinten war über der Straße eine Sprühnebelanlage angebracht, die herrlich kühlte. Ich pendelte jetzt zwischen Imbissstand und Berieselung hin und her. Ich befürchtete zu sehr auszukühlen, wenn ich die ganze Zeit unter dem Sprühstrahl stand. Es dauerte recht lange, bis ich mich endlich erholt hatte.

Was war eigentlich passiert?

Viele Läufer waren völlig erschöpft und blieben weit unter ihren Möglichkeiten. Mehrere brachen auf der Strecke zusammen. Es war schon sehr warm, aber nicht heiß, und ein bisschen schwül aber nicht zu sehr. Einige meinten, die größte Hitze wäre vom Asphalt gekommen, der sich den ganzen Tag aufgeheizt hätte und abends die Hitze wieder abstrahlte, was man dann am Kopf gar nicht mehr so wahrnahm. Es traf auch zu, dass das Wetter das ganze Jahr bisher nicht so warm war, dass man sich richtig an die Hitze hätte gewöhnen können.

Für mich selbst konnte ich mir meinen Einbruch nicht so richtig erklären. Ich fand die Bedingungen akzeptabel und ich hatte in den Vorjahren den richtigen Umgang mit Hitze gelernt. Ich lief zwar schnell an, aber ein Fehler meinerseits hätte mich nur ein bisschen und auch nicht so abrupt und ohne Vorwarnung langsamer machen dürfen. Da viele Probleme hatten, grübelte ich nicht allzu lange darüber nach.

Erst jetzt, als ich die Daten für die Läufe in Maximiliansau und Seelbach zusammenstellte, wurde mir klar, woran der Einbruch wirklich lag. Erst am 06.06.2016, also zweieinhalb Wochen zuvor, hatte ich meine zweite Impfsalve abbekommen: Polio, Pertussis und noch mal Diphterie und Tetanus. Weil ich die so gut vertragen hatte, dachte ich gar nicht mehr daran. Vielleicht waren die Bedingungen in Seelbach für mich nur ein bisschen ungünstig, aber durch die Impfungen hatten sich die Belastungen potenziert.

Jetzt bin ich erst mal wieder durch mit dem Impfen.

Lußhardtlauf Hambrücken, 10 km, 14.08.2016

Wie auch im Vorjahr war das Wetter in einem heißen Sommer ausgerechnet am Tag des Laufs in Hambrücken deutlich kühler. Dennoch war es warm genug.

Ich hatte mit einer Zeit unter 54 Minuten geliebäugelt, aber mich nicht darauf versteift. Ich wollte einfach probieren, wie ich drauf war, und den Lauf entsprechend gestalten.

Wie sich herausstellte, war ich wohl nicht ganz so gut drauf. Ich versuchte, die 54 Minuten anzupeilen, aber nach der halben Distanz bekam ich Probleme. Die hohen Temperaturen waren für mich zunächst eine Erklärung dafür. Im Nachhinein muss ich aber sagen, dass es eher an etwas Anderem lag: Ich hatte die letzten Wochen gut auf Geschwindigkeit trainieren können. Aber ich gönnte mir ab und zu ein Päuschen, wenn ich keine Lust mehr hatte. Zudem habe ich nach dem Lauf bemerkt, dass ich ab und zu die Atemdisziplin vernachlässigt habe. So war es wohl eher das Problem, dass ich nicht tief genug atmete.

Was es auch war, ich wollte mich nicht quälen und lief eben etwas langsamer und genoss den Rest des Laufes im Wohlfühltempo. So war die Zeit im Ziel mit 56:24 Minuten nicht berauschend. Dennoch hatte ich mich in den letzten Läufen, und so auch in Hambrücken, in der Gesamtwertung an der Spitze des hinteren Drittels etabliert.

Wie auch im Vorjahr bestand auch dieses Jahr ein Teil des Antrittsgeschenkes in einem Gutschein für den halben Eintrittspreis im nahe gelegenen Sole-Thermal-Bad in Bad Schönborn. Dort ging der Wohlfühltag im warmen Wasser weiter.

Winterlaufserie Rheinzabern, 10 km, 11.12.2016

2017 fand wieder der PSD LaufCup statt und der Zehner in Rheinzabern im Dezember 2016 war der erste Lauf der Serie; und natürlich auch der erste Lauf der Rheinzaberner Winterlaufserie. Weil der PSD LaufCup jetzt in zwei verschiedenen Jahren stattfand, wurden wir alle in die Altersklasse von 2017 eingruppiert. Ich lief also schon in der M50, obwohl ich gerade erst 49 geworden war.

Mein Kilometerstand in Rheinzabern lag bei 111 km (zwei Winterlaufserien und ein Halbmarathon). Eigentlich schade, dass ich diese schöne Zahl kaputt machen musste.

Mein Schulfreund Marcus lief auch mit. Er meinte, ich könnte es so sehen, dass ich in der M45 (Männer mit 45 Jahren und älter) in Rheinzabern 111 km gelaufen sei und dass es jetzt in der M50 wieder von vorne beginnt.

Vor diesem Lauf war alles gut. Das Training lief die letzten zweieinhalb Wochen hervorragend und es hätte locker eine 53er Zeit drin sein müssen.

Und so lief ich auch an. Bei so vielen Läufern kann man die ersten Kilometer einfach im Feld mitschwimmen. Wenn sich das Feld dann mehr und mehr verteilt, merkt man erst, wie schnell man wirklich ist. So lief es die ersten Kilometer auch gut, aber schon vor der Hälfte begann ich langsamer zu werden. Ich konnte nicht genau sagen, woran das lag. Dann kamen auch noch Muskelprobleme dazu. Die rechte hintere Hüfte, der rechte hintere Oberschenkel und die rechte Fußsohle begannen zu schmerzen. Ich war zwar sicher, dass mich die Schmerzen nicht behinderten, dennoch wurde ich immer langsamer, bis ich dann ein Tempo gefunden hatte, bei dem die Schmerzen nicht zu stark waren und meine Erschöpfung nicht noch schlimmer wurde. Im Ziel blieb die Zeit für mich bei 56:52 Minuten stehen. Mindestens drei Minuten später als geplant. War ich zu schnell angegangen? Wo kamen die Schmerzen her? Die Probleme erwiesen sich schwerwiegender als zuerst gedacht. Im Dezember konnte ich deswegen kaum trainieren und vier Wochen später beim zweiten Lauf der Serie waren sie immer noch da.

Marcus lief knapp über 50 Minuten und war damit deutlich schneller als ich. Er platzierte sich in der Gesamtwertung am unteren Ende des Mitteldrittels. Wir sahen uns noch die Siegerehrung an. Es war schon erstaunlich, wie schnell die älteren Läufer alle noch waren. Der Sieger der M60 lief eine Zeit unter 40 Minuten. Die ersten drei der M70 liefen die 10 km unter 50 Minuten und selbst der schnellste der beiden über 80-Jährigen lief eine 52er Zeit - unglaublich!

Anschließend ließen wir uns die Pasta in meiner Stammpizzeria schmecken.

Winterlaufserie Rheinzabern, 15 km, 08.01.2017

In der Woche vor diesem Lauf hatte es immer wieder mal heftig geschneit und ich ließ es mir offen, ob ich die Anfahrt mit dem Auto auf mich nehmen wollte. Gerade am Sonntagmorgen lag wieder so viel Schnee, dass der Räumdienst nicht hinterher kam. Aber ich bin ja Optimist und fuhr trotzdem los. Dass die Landstraßen kaum geräumt werden konnten, war mir ja klar, deshalb interessierte mich die Autobahn schon mehr. Die linke Spur war nicht geräumt, aber die beiden anderen waren gut genug befahrbar. Also fuhr ich immer weiter. Und je näher ich dem Ziel kam, desto weniger Schnee lag überall. Marcus war auch wieder dabei. Er kam mit dem Zug; was aber weniger am Schnee, als mehr an seinem Auto lag.

Eine Woche zuvor in Waldulm bemerkte ich meine Verletzungen aus dem ersten Lauf der Winterlaufserie beim Einlaufen, aber nicht im Lauf selbst. Hier war es jetzt leider genau umgekehrt. Das Einlaufen verlief problemlos. Aber im Rennen ging es gleich auf dem ersten Kilometer mit den Problemen los. Zuerst nur so, dass ich die Verletzungen spürte, aber bald so, dass sie schmerzten. Vielleicht lag es am Schnee. Das private Räumteam vom TV Rheinzabern hatte tolle Arbeit geleistet. Es war kein Eis auf der Strecke und so gut wie kein Schnee. Natürlich ließ es sich an diesem Tag nicht vermeiden, dass auf manchen Abschnitten doch noch ein klein wenig Schnee lag, der zum Teil auch einfach von den Bäumen auf die Strecke gefallen war. Die sicheren Läufer hat das kaum beeinträchtigt. Die unsicheren Läufer schalteten an diesen Stellen auf eine rutschsichere Technik um; ich auch. Vielleicht war das der Knackpunkt, warum meine muskulären Probleme plötzlich wieder da waren und nicht mehr weggingen.

Ich schaffte es dann aber, eine Technik und Geschwindigkeit zu finden, die allen Aspekten gerecht wurde: wegen der Gefahr einer

Zerrung nicht das kleinste bisschen rutschen, die Schmerzen bzw. die Belastung der Muskulatur auf einem möglichst niedrigen Niveau halten, mit einer annehmbaren Geschwindigkeit vorwärtskommen.

Ich hatte mir vorher keine Zeitvorgabe gemacht, war aber felsenfest davon überzeugt, egal wie es läuft, unter 1:30 Stunde zu bleiben. Nach 1:33:15 Stunden kam ich ins Ziel. War das langsam! In meinem fünften 15 km Lauf war ich damit nur geringfügig schneller als bei meinem ersten und langsamsten vor fast drei Jahren.

Marcus und ich ließen es uns anschließend in der Pizzeria wieder schmecken. Da bemerkte ich schon, dass mein Puls immer noch ungewöhnlich schnell war. Erst nach einem neuerlichen, ausgiebigen Besuch des Sole-Thermal-Bades in Bad Schönborn wurde er dann wieder ruhiger.

Bienwald-Halbmarathon Kandel, 21,1 km, 12.03.2017

Bisher lief ich im März den 15 km Rißnert Lauf in Karlsruhe und den Halbmarathon in Rastatt. Da ich Rastatt eigentlich vermeiden wollte, probierte ich es dieses Jahr mit dem Halbmarathon durch den Bienwald bei Kandel. Der Bienwald-Marathon war mir schon ein Begriff, ich wusste bisher aber nicht, dass dort auch ein Halbmarathon gelaufen wird. Die Strecke sei landschaftlich sehr schön und erwiesenermaßen schnell.

Auf den dritten Lauf zur Winterlaufserie in Rheinzabern über 20 km Anfang Februar hatte ich verzichtet. Meine Muskelprobleme aus den ersten beiden Läufen der Winterlaufserie hatte ich Anfang Februar gerade auskuriert. Ich wollte keinen Rückfall riskieren, nur um die Winterlaufserie wie gewohnt zu beenden. Zudem ging es meinem Kreislauf immer noch nicht besser, weswegen ich zu diesem Zeitpunkt auch auf das Eisschwimmen verzichtete; es wurde sowieso gerade wieder wärmer.

Körperlich ging es mir also seit ein paar Wochen wieder gut und nach dem Ende des Eisschwimmens, und seit ich Ende Februar mit dem Kreislauftraining begonnen hatte, ging es auch da wieder aufwärts.

Ich fuhr nach Kandel und hatte für alle Fälle meine komplette Winterlaufmontur dabei. Aber minütlich wurde es wärmer und wärmer. Ich behielt mein Langarmshirt an und für eventuelle Windpassagen ließ ich auch mein ärmelloses Shirt darunter an. Letztendlich hätte es auch eine Lage weniger sein können, aber es ging noch. Nur meine Hose konnte ich nicht dünner machen. Sie war hervorragend geeignet für Temperaturen unter fünf Grad Celsius und noch viel weniger. Für diesen Lauf war sie definitiv viel zu warm. Es herrschten gegen Ende des Laufes dann 15° C. Das ist nicht wirklich sehr warm, aber wir alle kamen direkt aus dem Winter, wie es ein Mitläufer ausdrückte.

Dieser Lauf war ein Musterbeispiel dafür, was für eine Mimose ich sein kann.

Zu Beginn lief ich mit 6,1 min/km an. Ab und zu hatte ich das Gefühl, dass ich auch schneller laufen könnte. Angesicht dessen, dass es immer wärmer wurde, wollte ich eine Überhitzung vermeiden. Es gab zum Teil auch Gegenwind und auf diesen Abschnitten wollte ich auch lieber nicht zu viel Kraft verlieren.

Die Strecke war annähernd eben, hatte aber viele längere Geraden. Das kann ich ja nun mal gar nicht leiden. Die erste lange Gerade lief ich noch in einem großen Pulk. Da machte mir das dann nicht so viel aus. Später dünnte das Feld aus und diese ewig langen Geraden, bei denen die nächste Kurve oder ein Wendepunkt nicht abzusehen waren, begannen mich heftig zu nerven. Immer nur geradeaus, so weit, dass kein Ende abzusehen ist. Das hasse ich. Auch wenn unterwegs Kilometertäfelchen stehen, drückt das dermaßen auf die Stimmung und Motivation.

Dann kam eine Rechtskurve und es ging 3,5 km nur geradeaus. Wegen des Gegenwindes machte ich nicht so viel Druck. Dann kam bald die 10 km Marke und alles war noch wie geplant. Auf diesem geraden Abschnitt standen am Straßenrand viele dünne Bäume, durch deren Lücken das Sonnenlicht stroboskopartig einfiel. Das nervte mich auch tierisch. Epilepsiegefährdete Läufer hätten da nicht laufen dürfen.

Nach einer Ewigkeit kam dann die Wendemarke und wir mussten die ganzen 3,5 km auf dieser Geraden zurücklaufen. Nun hatte ich leichten Rückenwind. Das brachte meinen Rhythmus noch mehr ins Wanken, weil ich keinen Anhaltspunkt mehr hatte, wie schnell ich war bzw. welche Kraftreserven ich hatte.

Jetzt kam ich total aus dem Rhythmus. Ich versuchte mit der Atmung gegenzusteuern, die Geschwindigkeit zu variieren, mit überholenden Läufern mitzuhalten. Es half alles nichts. Bei 13 km blieb ich einfach stehen, völlig entnervt.

Ich rappelte mich wieder auf und lief weiter, aber die Luft war raus. Bis 17 km bin ich drei Mal ein Stück gegangen. Dann wurde die Strecke wieder abwechslungsreicher und ähnlich langsame Läufer kamen zusammmen. Da ging es wieder besser.

Noch viel besser ging es dann ab 18 km. Eine jüngere Läuferin überholte mich. Sie hatte eine dickere, auffällig gemusterte, lange Hose an. Sie ließ keine Einzelheiten ihrer Rückansicht erkennen. Aber ihr sehr ästhetisch geformter Po wippte als Gesamtkunstwerk bei jedem Schritt sehr sexy auf und ab. So gelang es mir, die letzten 3 km unter 6 min/km zu laufen und am Schluss noch einen passablen Spurt hinzulegen, mit dem ich noch ein paar Mitläufer hinter mir lassen konnte.

Die Zeit war für mich mit 2:15:02 Stunden netto grauenhaft schlecht, was natürlich durch die Laufpausen bedingt war. Als Trost blieb, dass ich außerhalb der Laufpausen einen wirklich akzeptablen Kilometerschnitt hatte und dass es nach dem Lauf mit meinem Kreislauf noch nicht gut, aber deutlich besser ging als zuletzt.

Frühlingslauf St. Leon-Rot, 21,1 km, 14.05.2017

Nach dem schlechteren Lauf in Kandel mit 2:15:02 Stunden und dem Osterlauf in Rheinzabern mit besseren 2:11:39 Stunden, besserem Kreislauf und einem Heidenspaß dabei, wollte ich mich in St. Leon-Rot weiter verbessern.

Die Strecke war ich schon zwei Mal gelaufen und sie lag mir. Dieses Jahr wurde sie leider geändert. Ich wollte nicht gleich enttäuscht sein, sondern erwartete mit Neugier und Spannung die neue Strecke.

Ja, die neue Strecke ist auch schön, man muss sich aber erst noch daran gewöhnen. Ich wollte versuchen, möglichst nahe an 2:06:35 Stunden heranzukommen wie im Vorjahr. Die ersten 8 km liefen auch wirklich gut. Beim neunten Kilometer kam Gegenwind auf, der sich auf dem zehnten wieder legte. Bis 12 km wehte dann aber wieder Gegenwind und das mitten im Wald. So konnte ich meinen Schnitt nicht ganz halten. Und dann wurde es immer schwerer. Ich hatte Mühe voranzukommen und konnte das Tempo nicht mehr halten. Dann stieg auch noch mein Nebenmann aus, mit dem ich eine Weile zusammen gelaufen war. Jetzt wurde es richtig schwer. Ich hatte ein riesiges Verlangen danach, einfach stehen zu bleiben. Im Wald kam jetzt alle 500 m eine 90°-Kurve. An jeder Kurve stand ein Helfer, um den rechten Weg zu weisen und um anerkennend zu klatschen und anzufeuern. Da konnte ich doch nicht stehen bleiben! Wenn der eine Helfer dann außer Sichtweite war, kam schon die nächste Kurve mit dem nächsten Helfer, der freundlich aufmunterte. So kämpfte ich mich bis zum Verpflegungsstand bei 17 km durch. Jetzt blieb ich aber stehen, aß Bananen und trank Tee und Wasser. Gleich nach dem Stand ging es bergauf zu einer Fußgängerbrücke über der Autobahn. Anschließend schaffte ich es nicht mehr schneller zu werden.

Mein Trainingsplan sah ja kein Halbmarathontraining vor, sondern Kreislaufgrundlagentraining. Das war an dem Puls ausgerichtet und, wenn es anstrengender wurde und der Puls hochging, machte ich entsprechend langsamer. Das hatte ich inzwischen so verinnerlicht, dass nichts mehr ging. Allerdings hätte ich mich überwinden können. Schon ab 14 km hätte ich mit der richtigen Motivation das Tempo hochhalten können. Aber die Motivation hatte ich an diesem Tag einfach nicht. Der Ansporntank war komplett leer. Lediglich die 15 Jahre ältere Dame, die vor dem Ziel in Sichtweite kam, konnte ich auf den letzten Metern noch abfangen.

Wäre ich langsamer angegangen, hätte ich vielleicht noch ein bisschen Kampfgeist übrig gehabt; vielleicht. Ich hatte auf den letzten paar Kilometern so viel Zeit verloren, dass ich bei 2:14:51 Stunden ins Ziel kam. Das war wohl nichts.

Immerhin zeigte sich mein Kreislauf nach dem Lauf deutlich verbessert.

Kapitel 7: Die Läufe zum Schmunzeln

Volkslauf Rastatt, 21,1 km, 06.03.2016

In Band 1 zog ich über den Volkslauf in Rastatt her und wollte da nie wieder starten. Weil er aber terminlich und räumlich so extrem günstig liegt, startete ich 2016 doch noch einmal dort, ich wusste ja schon, was mich dort erwarten würde.

Der Veranstalter hatte gewechselt, sonst blieb alles gleich.

Ich hatte mich nicht vorher angemeldet und holte das vor Ort nach. Am Nachmeldestand standen nur zwei vor mir und ich kam auch gleich dran. Ich musste kein Formular ausfüllen, denn die Daten wurden gleich ins Laptop eingegeben. Das war praktisch. Die vorangemeldeten Läufer, die ihre Nummer abholen wollten, mussten sich anstellen. Die Schlange war riesig. Sogar noch deutlich länger als die in Ubstadt-Weiher 2014. Der Veranstalter hatte offenbar viel zu wenige Ausgabestellen für die Startnummern vorgesehen; weil sie angeblich nicht ahnen konnten, dass die Läufer alle auf einmal kommen würden. Ja wann sollen denn die Läufer kommen? Schon drei Stunden vorher?

Beim Warmlaufen begutachtete ich die Duschen im Außenbereich. Dieses Mal war es ein riesengroßer Lkw-Anhänger einer großen Sanitärfirma der Region. Er war in zwei Hälften geteilt, eine für Damen und eine für Herren. Ich hörte ein Gespräch mit, dass dieses Duschmobil 1.500 Liter Wasser pro Stunde wärmen könnte. Ich überschlug das kurz im Kopf und kam zu dem Ergebnis, dass das wirklich ausreichend sein müsste. Aber ich hatte von vornherein nicht die Absicht das auszuprobieren zumal zwischen den beiden Duschräumen und der Kälte im Freien nur ein Vorhang aus Plastikstreifen hing, zwischen denen man mühelos in das Innere blicken konnte.

Dass es kalt war, wurde einem Mitläufer vor dem Start klar. Er hatte kurze Hosen und ein kurzes Shirt an. Als sich alle Läufer fünf Minuten vor dem Start an der Ziellinie einfanden, hüpfte er die ganze Zeit frierend auf und ab und wartete sehnsüchtig auf den Start.

Den ersten Kilometer legte ich in 5:30 Minuten zurück und lief in gleichem Tempo weiter. Bei 2 Kilometern zeigte meine Uhr 10:00 Minuten. Doch, ich hatte richtig gesehen. Die Uhr war nicht stehen geblieben und ich hatte die Anzeige auch richtig entziffern. Auf dem zweiten Kilometer fehlten etwa 200 Meter. Auch die nachfolgenden Kilometertäfelchen behielten diesen Versatz von 200 Metern bei. Irgendwo zwischen 18 km und Ziel wurde das dann wieder korrigiert.

Es war typisches Wetter für Anfang März. Es war kalt. Gut, dass es im Ziel immer warmen Tee gibt. Aber obwohl ich mit 2:02 Stunden recht früh dran war, war der schon einige Zeit alle und es gab nur noch eiskaltes Wasser.

Nein, hier werde ich jetzt wirklich nie wieder starten!

Queichtallauf Zeiskam, 10 km, 03.07.2016

Vor dem Start stand ich neben einem Mitläufer, mit dem ich die nächsten 9 km zusammen laufen sollte. Ich hatte die Nummer 59 und er die Nr. 1. Ich fragte ihn, ob die Nummer Programm sei. Er meinte, er wisse auch nicht, wieso er die 1 habe, wahrscheinlich hätte er sich als Erster angemeldet.

Ganz egal, warum er die Nummer 1 hatte. Ich hatte ihn vor dem

Ziel überholt und deutlich distanziert. Ich hatte die Nummer 1 geschlagen!

Lußhardtlauf Hambrücken, 10 km, 14.08.2016

Man wird oft von anderen Läufern überholt. Aber selbst überholt man auch andere Läufer. Es kommt auch vor, dass man Läufer überholt, von denen man vorher überholt wurde.

In diesem Lauf wurde ich von einem bestimmten Läufer genau einmal überholt. Ich habe ihn aber drei Mal überholt!
Wie geht das? Ich hatte mich nicht verzählt, denn er war eindeutig an seinen Jeans (!) zu identifizieren.

Den Teil der Strecke, der durch den Wald führte, konnte man über Querverbindungen abkürzen. Das hat er offensichtlich ausgenutzt.

Oberwaldlauf Karlsruhe, 5 km, 15.10.2016

Als ich mich vor dem Lauf umzog, war der viertplatzierte des PSD LaufCup des Vorjahres mit in der Umkleide. Er machte keinen besonders fitten Eindruck. Das kam daher, dass er am Vorabend seinen Junggesellenabschied gefeiert und recht wenig geschlafen hatte. Da er keinen Alkohol mitgetrunken hatte, musste er jetzt eine Strafe auf sich nehmen. Er lief die 10 km in einem dicken Ganzkörper-Hasenkostüm mit Stummelschwanz und langen Ohren. Er reihte sich am Start auch ganz hinten ein. Von 358 Läufern wurde er immerhin 24., wenn auch in einer für schnelle Hasen weniger guten Zeit.

Silvesterlauf Waldulm, 10 km, 31.12.2016

Die bildliche und die schriftliche Streckenbeschreibung wichen etwas voneinander ab. Mal war zu Beginn des Laufs eine Runde im Stadion zu laufen und mal zwei. Tatsächlich waren es dann etwa 500 m.

Irgendwie hatte ich im Gedächtnis, dass auch das Ziel wieder im Stadion ist. So wollte ich den letzten Anstieg vor dem Ziel das Tempo etwas herausnehmen, um nach dem steilen Abhang einen langen Spurt hinlegen zu können. Mein Gedächtnis hatte mich getäuscht. Direkt nach dem Abhang kamen die Zielfahnen. Ja, es waren zwei; im Abstand von etwa 30 m. Sicherheitshalber nahm ich meine Zeit bei der zweiten.

Bienwald-Halbmarathon Kandel, 21,1 km, 12.03.2017

Ich hatte hin und wieder bei Läufen gesehen, dass es beim Bienwaldlauf ein Laufshirt gibt. Bei der Anmeldung wurde auch darauf hingewiesen, dass es in der Anmeldegebühr enthalten ist. Jedes Jahr gibt es eine andere Farbe. Ich stellte mich im Zelt also an der Schlange an. Als ich an der Theke war, sah ich dann auch, welche Farbe dieses Jahr dran war: schweinchenrosa! Nein! Bei aller Liebe, so etwas wollte ich wirklich nicht anziehen. Aufmerksam, wie ich bin, hatte ich bemerkt, dass es Restposten aus den Vorjahren gab und dass die Shirts keine Jahreszahl trugen. Dann war die Farbe ja egal. Also fragte ich, ob ich auch eine andere Farbe haben könnte. „Wenn du Größe L hast, ist das kein Problem." „Danke, passt. Ich nehme das Grüne bitte." Diese Farbe passt doch viel besser zu einem Lauf durch den Wald.

Beim Start gab es Abschnitte, in denen man sich nach der angestrebten Zeit aufstellen sollte. Und es gab für verschiedene Zeiten auch Zugläufer. Das fand ich sehr sinnvoll. Ich stand also ganz hinten.

Es ist ja oft so, dass man nicht allzu viel von dem mitbekommt, was kurz vor dem Start gesagt wird, und dass man Hinweise, dass der Lauf in einer Minute oder 30 Sekunden startet, oder einen Countdown nicht hört; auch wenn man relativ weit vorne steht. Aber die vorderen Läufer hören das und das Feld zieht sich von vorne her kurz vor dem Start zusammen.

Ich hörte keinen Startschuss und wunderte mich schon, dass wir mit dem Start schon so lange überfällig waren. Wir standen alle noch locker zusammen. Endlich ging es dann los. „War der Start schon? Wann war der Start?" Beim Vergleich der Nettozeit mit der Bruttozeit sah ich dann, dass ich 1:51 Minuten bis zur Startlinie gebraucht hatte.

Osterlauf Rheinzabern, 21,1 km, 15.04.2017

Nach der Ankunft ging ich sofort meine Startnummer abholen. Die steckte ich mir hinten in die Laufhose und ging zur Toilette. Nach der Toilette vergewisserte ich mich, dass ich sie noch dabei hatte und ging zum Auto, um mich vollends umzuziehen und die Startnummer festzumachen. Ich öffnete die Beifahrertür des Autos, weil meine Sporttasche auf dem Beifahrersitz lag. Ich legte die Startnummer irgendwohin, zog mich um, holte die Sicherheitsnadeln heraus, mit denen ich die Startnummer immer festmache, und griff nach der Startnummer. „Wo ist die Startnummer?" Die Startnummer war weg. „Eben war sie doch noch da!" Ich räumte meine ganze Tasche aus, fingerte unter den Sitz, schaute unter das Auto. Sollte der Wind sie weggeweht haben? Hatte ich sie wirklich ins Auto gelegt? Ich konnte mich nicht wirklich daran erinnern. Ich wusste genau, dass ich sie nach der Toilette noch bei mir hatte. Vielleicht hatte ich sie unterwegs verloren. Ich ging wieder zur Toilette zurück und suchte den ganzen Weg nach ihr ab. Ich schaute noch mal unter die Autos und räumte noch mal die Tasche aus und wieder ein. Ich fingerte wieder den ganzen Raum unter dem Beifahrersitz ab, hob die Fußmatte und schaute sogar im Kofferraum und im Handschuhfach nach. Weg! Es half nichts. Bedröppelt ging ich ins Wettkampfbüro und erklärte meinen Schlamassel. Aber dort wurde mir unbürokratisch geholfen und ich musste auch keine zweite Startgebühr bezahlen. So etwas war mir noch nie passiert!

Eine Woche später fuhr ich mit meinen Jungs zu meinen Eltern zum Grillen. Nach dem Grillen fuhren wir wieder zurück. Als alle ausgestiegen waren und ich wieder losfuhr, da lag doch tatsächlich die Startnummer im Fußraum vor dem Beifahrersitz. Sachen gibt's …

Je nachdem wie fit man ist, läuft man auch nach einem Halbmarathon ein bisschen aus. Vielen älteren oder nicht so gut trainierten Läufern steckt ein Halbmarathon aber tiefer in den Knochen. Nach dem Ausschnaufen und Trinken geht man in die Umkleide und setzt sich hin. Dann sitzt man erst einmal und dann zieht man sich langsam aus in der Hoffnung, dabei keinen Krampf zu bekommen. Beim Osterlauf befinden sich die Duschen in der Turn- und Festhalle im Keller. Man muss also die Treppe hinuntersteigen.

Ich war nach dem Lauf noch gut beieinander und ging ganz normal die Treppe hinunter. Unten angekommen schaute ich zurück die Treppe hinauf und hätte am liebsten laut losgelacht. Das wäre natürlich gemein gewesen. Aber es sah zu komisch aus, wie sich die meisten mit verbissenem Gesicht, halb humpelnd und fest an das Geländer geklammert die Stufen hinabquälten. Das ist wahrer Kampfesgeist!

Kapitel 8: Triathlon

Bei den meisten Läufen liegen viele Flyer von anderen Läufen und Laufserien aus. Manchmal sind auch Flyer für Crossläufe, Duathlons (Laufen - Rad fahren - Laufen) oder Biathlons (Laufen und Schießen) dabei. Beim 20 km Lauf in Rheinzabern Anfang Februar 2016 lag auch ein Flyer für einen Jedermann-Triathlon aus. Er sollte im Juli im übernächsten Ort Herxheim stattfinden. In Herxheim war ich bereits mehrere Male im Steinzeitmuseum. Als Distanzen waren 500 m Schwimmen, 20 km Radfahren und 5 km Laufen vorgesehen. „Aha, interessant." Ohne weiter darüber nachzudenken, nahm ich den Flyer mit und legte ihn später bei mir zu Hause auf den Schreibtisch. „Triathlon, hm."

Irgendwann kam ich dann doch ins Grübeln. „500 m schwimmen, das kann ich. 20 km Rad fahren, das kann ich auch. Laufen, auch das kann ich. Da könnte ich doch mal einen Triathlon machen."

Ich rechnete so in etwa die Zeit zusammen, die ich wohl benötigen könnte, und kam grob auf 90 Minuten. Das wäre ja deutlich kürzer als ein Halbmarathon. Dann sah ich mir die Ergebnisliste des Vorjahres an. Ich würde sicher nicht Letzter werden. Der Termin wäre der 10.07.2016. Eine Woche zuvor fände der 10 km Lauf in Zeiskam statt, zwei Wochen zuvor der 10 km Lauf in Seelbach. Also wäre der Triathlon das dritte Rennen am dritten Wochenende. Aber die beiden Rennen zuvor wären nur 10 km Läufe. Das würde gehen. Der 10 km Lauf in Weiher wäre erst drei Wochen später, das wäre auch kein Problem. Also beschloss ich, den Triathlon anzugehen. Dazu musste ich natürlich die beiden neuen Disziplinen Schwimmen und Fahrradfahren trainieren.

Schwimmen früher

Als Kind bin ich natürlich liebend gerne im Wasser herumge-
planscht. Schwimmen habe ich erst spät und auch nicht richtig gelernt. Ich glaube mit neun oder zehn Jahren konnte ich mich dauer-
haft über Wasser halten. Das sah ziemlich genauso aus wie bei einem schwimmenden Hund. In der fünften Klasse hatten wir
Schwimmen im Sportunterricht. Da begann es mir zu dämmern,
wie es anders gehen könnte. Als Jugendlicher konnte ich dann gut
brustschwimmen, zumindest das, was ich damals für Brustschwimmen hielt.

Ich war schon volljährig, als ich bei einem Verlag ein Sonderange-
bot annahm: drei zufällig ausgewählte Bücher für fünf Mark. Eines
davon war ein Lehrbuch fürs Schwimmen. Damit brachte ich mir
das richtige und entspannte Brustschwimmen bei. Ich lernte, was
eine richtige Wasserlage ist, wie weit der Kopf unter Wasser gehört,
wie man sich bewegt und atmet. Jetzt gehörte ich nicht mehr zu den
„Stehschwimmern“. Das Schwimmen war auf einmal so entspannt
und viel kraftsparender. Auch Kraulen habe ich mir beigebracht,
kam aber nicht wirklich damit zurecht. Also blieb ich beim Brust-
schwimmen. Ich schwamm dann durch den Urloffener Baggersee
und auch hin und zurück ohne Pause. Das war schon weit; damals.
Es waren nicht ganz 600 m.

Als dann meine Kinder auf die Welt kamen, hatte sich das
Schwimmen im Baggersee erledigt. Wir waren mit den Kindern
immer im örtlichen Schwimmbad mit gechlortem Wasser. Mit
Chlor stehe ich auf dem Kriegsfuß. Zu Beginn der Badesaison hatte
ich immer Probleme. Wenn ich längere Zeit im Wasser war, bekam
ich Symptome einer Erkältung. Die oberen Atemwege waren total
zu. Im Laufe der Saison gewöhnte ich mich dann daran. Im Hallenbad ist das aber immer so, deswegen meide ich Hallenbäder, außer

natürlich es sind welche ohne Chlor, z. B. Sole-Thermal-Bäder - herrlich! Erst als auch der Jüngste groß genug war, dass er einige Zeit ohne Aufsicht im Wasser bleiben konnte, stahl ich mich ins Schwimmerbecken davon und versuchte, zwischen den Steh-schwimmern hindurch ein paar Bahnen zu schwimmen. Das war erst 2011 oder 2012 der Fall.

Jetzt testete ich auch das Kraulen öfter. Aber nach einer 25 m Bahn war mir immer schon schwindelig. Zuerst dachte ich, es läge daran, dass ich zu wenig Luft bekomme. Nach längerem Googeln mit unpassenden Ergebnissen kam ich zu einem Eintrag, der mein Problem am besten traf. Ich atmete zwar immer abwechselnd nach links und rechts, aber mir wurde sehr wahrscheinlich vom vielen Kopfdrehen zum Atmen schwindlig. Also beließ ich es beim Brust-schwimmen.

Schwimmen heute

Schwimmen konnte ich also, aber nicht kraulen. Als ich auf Bildern des letztjährigen Jedermann-Triathlons sah, dass auch andere brust-schwimmen, war ich beruhigt, dass ich mich nicht blamieren würde. Jetzt musste ich das Schwimmen nur noch üben. Ins Hallenbad wollte ich aber nicht. Deswegen wartete ich, bis das Oppenauer Schwimmbad öffnete. Kurz nach der Eröffnung ging ich dann am 10. Mai schwimmen. Ich versuchte gleich die 500 m und war auch ganz zufrieden damit. Eine Woche später war ich schon eine Minute schneller. Ich stellte fest, dass ich pro Zug ziemlich genau zwei Me-ter weit komme, egal ob ich schnell oder langsam schwimme. Nur wenn ich extrem gemütlich schwimme und mehr gleite, komme ich weiter. Dann konnte ich genauso gut im ungechlorten Baggersee schwimmen und brauchte zudem keinen Eintritt zu bezahlen. Da gab es am Ufer zwar keine Uhr, auf die ich schauen konnte, aber das machte nichts. Es kam weniger auf die Zeit an, sondern darauf, die ganze Strecke möglichst gleichmäßig zu schwimmen. Ob es schnell genug war, konnte ich ja hinterher am Erschöpfungsgrad erkennen. Die Streckenlänge kannte ich ja anhand der Anzahl der Züge.

Vor dem Triathlon absolvierte ich dann insgesamt sieben Trainingseinheiten. Besonders viel war das ja nicht, aber in der kurzen Zeit ging nicht mehr. Einmal probierte ich auch das Schwimmen nicht mit Badehose, sondern mit meiner Laufhose. Die hätte ich ja beim Triathlon auch an. Allerdings verpasste ich es, den Übergang vom Schwimmen zum Laufen zu üben. Paradoxerweise bekomme ich auf längeren Strecken im Wasser immer einen trockenen Mund.

Fahrrad fahren früher

In meiner Jugend war es noch üblich, dass man ein gebrauchtes Fahrrad bekam, das zu Beginn noch zu groß war und, bevor man endlich ein anderes gebrauchtes bekam, zu klein. Von meinem Kommuniongeld kaufte ich mir dann ein eigenes, neues, fast passendes Fahrrad. Es war ein Rennrad mit zehn Gängen, Gepäckträger und einem Seitenläuferdynamo, der bei Bedarf an den Reifen geklappt wurde. Die Schalthebel waren an der unteren schrägen Stange angebracht. Die Hebel rasteten nicht etwa an den richtigen Stellen ein, zum Schalten musste man sie so lange drücken oder ziehen, bis die Kette auf das richtige Kettenblatt oder Ritzel geschoben wurde. Das musste möglichst schnell geschehen, da die Kette ansonsten zwischen den Gängen lag und „durchrutschte". Das war im Gegensatz zur heutigen „digitalen" sozusagen eine „analoge" Schaltung.

Wenn man irgendwohin wollte, nahm man das Fahrrad. Alles, was in einem Umkreis von 20 km lag, wurde damit angefahren. Was weiter weg lag, war uninteressant. Wenn man Glück hatte, fuhr ein Älterer mit Mofa mit. Bei dem konnten sich auf beiden Seiten zwei an der Schulter festhalten und mitziehen lassen. Und an deren Schulter noch mal zwei. Man glaubt auch gar nicht, was man mit ein bisschen Fantasie und viel Bindfaden alles am Fahrrad unterbringen kann.

Das Fahrradfahren war ich also von klein auf gewohnt. Auch beim Studium in Freiburg nahm ich für die sieben Kilometer zu Uni immer das Fahrrad, sogar bei zehn Zentimetern geschlossener Schneedecke. Nur war ich nie wirklich lange Strecken gefahren. Zum Angeln nach Freistett waren es 20 km, das dauerte eine Dreiviertelstunde. Einmal bin ich mit meinem Kumpel Thomas 45 km nach Rauental zu seiner Tante gefahren. Hin und zurück jeweils mit einer Pause. Also waren maximal 25 km meine bisher längste Strecke am Stück. Beim Triathlon wären es ja auch nur 20 km.

Fahrrad fahren heute

Nachdem das Schwimmen funktionierte, musste ich jetzt mein Fahrrad aus Oppenau holen. Ich habe nicht mehr das alte grüne Rennrad von früher, das ich gut zwanzig Jahre benutzt hatte. Jetzt habe ich ein Fahrrad mit aktueller Technik: ein Trekkingrad. Es hat vorne und hinten Schutzbleche, einen Gepäckträger, auf dem ich den Sitz für meine Kinder montiert hatte, und einen Nabendynamo, der fast ohne Geschwindigkeitsverlust Strom liefert. Es ist mit Abstand das schnellste meiner bisher fünf Fahrräder. „Passt das überhaupt in mein Auto?" Ohne Vorderrad gerade mal so. Das stellte ich dann bei meinen Eltern in Appenweier unter. So fuhr ich dann am 20.05.17 zum ersten Mal seit Längerem wieder Fahrrad. Ich nahm mir gleich eine 20 km lange Strecke vor. Mal abgesehen von meinem schmerzenden Hintern am nächsten Tag lief es ganz gut. Wie auch schon beim Schwimmen stellte ich beim Fahrradfahren fest, dass ich ein sehr gutes Gespür dafür habe, wie ich mir eine Ausdauerstrecke einteilen muss. Und das, obwohl ich diese Sportarten schon lange nicht mehr in dieser Intensität betrieben habe. Dieses Gespür wurde wahrscheinlich beim Laufen geschult.

Da es schon Ende Mai war und ich Laufen trainieren, Rennen laufen, Schwimmen, Rad fahren, Volleyball und Freizeit unter einen Hut bringen musste, konnte ich nur insgesamt vier Mal Rad fahren trainieren. Bei der letzten Trainingseinheit probierte ich den Übergang vom Rad fahren zum Laufen aus. Ich sprang vom Fahrrad und lief los. Die Beine eierten ganz gewaltig. Das Gehen fällt die ersten Meter schon nach einer lockeren Ausflugsfahrt schwer. Wenn man dazu noch auf Zeit fährt und dicke Schenkel bekommt, wird das Gehen und noch mehr das Laufen umso schwerer. Ich brauchte einige Hundert Meter, bis ich normal laufen konnte. Und kaum ging es besser, hatte ich Wadenkrämpfe. Die Position auf dem Fahrrad war wohl so, dass die Waden nicht richtig gestreckt wurden oder zu selten. Jetzt beim Laufen rächte sich das. Ich machte eine kurze Pause, dehnte mich und ging ein bisschen, dann lief ich ohne Probleme weiter.

Später rechnete ich nach. Ich hätte mehr Fahrrad fahren und weniger Schwimmen trainieren sollen. Bei den Triathlons, die ich nachgerechnet hatte, lag der Anteil des Fahrradfahrens etwa bei 45 % der Triathlongesamtzeit. Da wäre es ja völlig egal, ob ich zwei Minuten langsamer oder schneller schwimme. Aber das Schwimmen machte mir mehr Spaß. Und der Spaß war auch der Hauptgrund für den Triathlon. Ich wollte ja nicht vorne mitlaufen, sondern das einfach mal ausprobieren.

Vor dem Triathlon
Die Tests hatte ich bestanden, also konnte ich mich anmelden. In der Zwischenzeit hatte ich auf der Homepage genau studiert, wie

der Ablauf ist. Das Prinzip ist ja klar: Schwimmen - Umziehen - Rad fahren - umziehen - Laufen. Aber da gab es ganz viele Einzelheiten, die ich nicht wusste. Sind Trekkingräder erlaubt, wo muss das Fahrrad bis wann abgestellt sein, was ist das für ein Zeitnahmechip und wie wird er wo befestigt, gibt es einen Streckenplan, gibt es verschiedene Wechselzonen oder nur eine, bis wann muss man vor Ort sein usw. Der Veranstalter hat mir dann eine sehr ausführliche E-Mail zurückgeschrieben. Ich erfuhr auch, dass man auf dem Fahrrad mit Oberbekleidung fahren muss, dass die Startnummer beim Fahren hinten und bei Laufen vorne an einem Startnummernband getragen werden muss, dass es nur einen Wechselplatz gibt, und, und, und. Also meldete ich mich an; zumindest wollte ich das. Denn leider waren die Startplätze inzwischen alle schon lange vergeben. Der Veranstalter setzte mich dann freundlicherweise auf eine Nachrückerliste und schickte mir einen Link zu einer Seite, auf der Triathlon-Termine aus ganz Deutschland aufgelistet sind. Ich hoffte zwar nicht mehr darauf, in Herxheim starten zu können, aber ich trainierte dann weiter, soweit das meine anderen Termine zuließen.

Mein erster Triathlon
Sonntag, 10.07.2016. Der Tag meines ersten Triathlons. Am Montag zuvor bekam ich die Nachricht, dass ich in das Starterfeld aufgerückt war. Toll, ich durfte starten. Ich bekam auch in einer E-Mail den Ablauf der Veranstaltung haarklein erklärt. Der Wermutstropfen: Ich hatte eine kleine Verspannung im Rücken und meine Adduktoren meldeten sich mal wieder zu Wort. Beim Laufen und Fahren war alles kein Problem, nur beim Schwimmen konnte ich mich mit den Beinen nicht richtig nach hinten abstoßen. Ich musste sozusagen mit angezogener Handbremse schwimmen.

Ich war frühzeitig angereist, damit ich alles in Ruhe besichtigen und richten konnte. Gleich am Eingang zum Gelände bekam ich eine Startnummer auf den Arm gemalt, bekam weitere Startnummern zum Aufkleben an das Fahrrad und für das Startnummernband, einen Antrittsgeschenkbeutel und den Zeitnahmechip. Dann erhielt ich die ersten Hinweise, wie ich den Chip anbringen muss und wo ich meinen Wechselplatz finde. Ich richtete meinen Wechselplatz ein und befestigte meine Startnummer an dem Startnummernband, das bei einem früheren Lauf zum Antrittsgeschenk gehört hatte. Dann erkundete ich das weitere Gelände des Schwimmbades. Vor unserem Jedermann-Triathlon fanden schon Jugendwettbewerbe statt. Da konnte ich sehen, welche Wege die Teilnehmer nach dem Schwimmen und dem Fahrradfahren nehmen mussten.

Schließlich wurden wir alle zur Wettkampfbesprechung gerufen. Hier wurde alles ganz genau und sehr strukturiert erklärt. Mit dem Empfang am Gelände und der sehr guten Wettkampfbesprechung hätte ich mich im Vorfeld über nichts informieren müssen. Der Veranstalter gab zusätzlich noch sehr brauchbare Sicherheitstipps: Die Wendemarken auf der Radstrecke sollte man wirklich langsam und in großzügigem Radius umfahren und keinesfalls zum Überholen nutzen; beim Laufen sollte man jede Getränkestelle zum Trinken und zum Kühlen nutzen. Der Triathlon war zwar vormittags, aber es war an diesem Tag sehr heiß. Zudem ging kein Lüftchen, das beim Laufen für Kühlung sorgen konnte.

Der Triathlon wurde in mehreren Startblöcken gestartet. Im Vorfeld bekam man seine Startzeit und Startbahn im Schwimmbad per E-Mail mitgeteilt. Da hatte ich mich schon gewundert, dass auf meiner Bahn acht Schwimmer gleichzeitig starten sollen. „Wie geht denn das?"

Die vor uns gestartete Startgruppe hatte einige „Nachzügler" beim

Schwimmen und so hatten wir nur zwei Minuten Zeit zum Warmschwimmen und zur Startaufstellung. Jetzt zeigte sich, wie das mit den acht Startern auf einer Bahn geht. Die Bahnen waren breit genug, dass man mit Gegenverkehr schwimmen konnte. Gestartet wurde im Wasser. Wir sprachen uns ab, wer wohl die schnellste Schwimmzeit haben würde. Der durfte sich auf der rechten Seite der Bahn zuerst abstoßen, die anderen warteten daneben, bis sie dran waren.

Schwimmen
Start!

Jetzt ging es endlich los. Trotz der acht Schwimmer in einer Bahn ging der Start recht schnell vonstatten. Ich schwamm, so schnell es ging. Immer wenn es zu zwicken begann, steckte ich ein bisschen zurück und steigerte dann langsam wieder das Tempo. Natürlich wurde ich von den ganz schnellen „überrundet". Nach viermal hin und her schwimmen wurde jedem Schwimmer mit einem Brett im Wasser ein Zeichen gegeben, dass jetzt die letzte „Runde" kommt. Dann war es geschafft. Ich schlug an und zog mich gleich an Land. Da blieb ich erst einmal kurz sitzen, um den Übergang vor der Waagrechten in die Senkrechte zu verdauen. Aufstehen, die ersten unsicheren Schritte, aber dann lief ich zum Wechselplatz. Dort trocknete ich mich ab, zog Socken, Kniebandage und Schuhe an und wollte das Shirt überstreifen. „Verflixt!" Der Rücken war noch ein bisschen feucht und ich bekam das Shirt einfach nicht zu fassen. Es hing oben am Rücken fest. Irgendwann gelang es mir dann doch noch, es den Rücken herunter zu rollen und zu zerren. Ich wäre schneller gewesen, wenn ich es noch mal ausgezogen und mich richtig abgetrocknet hätte. Das nächste Mal werde ich schlauer sein. So jetzt noch die Startnummer umgeschnallt und mit dem Rad zum

Ende der Wechselzone gejoggt.

Radfahren

Im Training hatte ich immer nur eine Disziplin trainiert. Also sollte ich beim Fahrradfahren nicht die ganze Strecke „volle Pulle" gehen. Im vierten und letzten Training war ich mit 26,5 km/h unterwegs und hinterher ziemlich platt. Deswegen nahm ich mir vor, nicht schneller als 26 km/h zu fahren. Die Radstrecke war fast eben und es ging kein Wind. Ich konnte also mit gleichmäßiger Geschwindigkeit fahren. Dass es sehr heiß war, machte beim Schwimmen und beim Fahrradfahren nichts. Die Kühlung war das Wasser bzw. der Fahrtwind. Ich zwang mich, regelmäßig zu trinken. Das wird beim Rad fahren gerne vernachlässigt, weil man den Flüssigkeitsbedarf durch den kühlenden Fahrtwind und durch den eintönigen Bewegungsablauf völlig unterschätzt. Das Wasser hatte ich in einer Plastikflasche auf dem Gepäckträger. Um daran zu kommen, musste ich mich ein bisschen verrenken. Das hatte ich aber im letzten Training geübt. Es lief so gut, dass ich mit einem Schnitt von 27 km/h zur Wechselzone kam. Dort stieg ich vom Rad und machte zur Sicherheit ein paar Dehnübungen für meine Waden. Gleich erkundigten sich Helfer besorgt bei mir, ob es mir gut ginge. „Jetzt noch, deswegen dehne ich mich ja. Danke, alles gut!" Für den Wechsel zum Laufen benötigte ich kaum Zeit. Ich zog meine Startnummer vom Rücken nach vorne, trank ein bisschen, schnaufte kurz durch und weiter ging's. Meine Schuhe musste ich nicht wechseln. Ich hatte ja ein Trekkingrad und fuhr mit den Laufschuhen. Es gab noch drei, vier weitere, die auch nur ein Trekkingrad oder etwas Ähnliches hatten. Alle anderen fuhren Rennmaschinen oder Triathlonräder.

Laufen

Jetzt kam die letzte Disziplin: Das Laufen, nur 5 km, eigentlich ein Sprint, aber ich hatte ja schon eine Stunde Wettkampf hinter mir. Es wurden fünf Runden gelaufen, das meiste davon in der prallen Sonne und es war sehr heiß. Ich beherzigte den Rat und nahm an jeder der fünf Getränkestellen zwei Becher. Einen zum Trinken und einen für den Kopf zum Kühlen. Bei jeder Runde bekam man ein Gummiband um den Arm und im Ziel wurde nachgezählt, ob man alle Runden gelaufen war. Ich war beim Laufen doch deutlich langsamer, als ich erhofft hatte, aber das war mir egal. Und endlich bekam ich das fünfte Gummiband und endlich war ich im Ziel. Von 132 Teilnehmern wurde ich 113.

Mein erster Triathlon; ich hatte es geschafft und ich war sehr zufrieden.

Fazit

Gerade das Laufen in der Hitze zum Abschluss war doch recht anstrengend. Aber alles hat einen Riesenspaß gemacht! So eine Mehrfachsportart kommt mir auch sehr entgegen. Ich bin durch und durch ein Allrounder. Ich kann alles und weiß alles - nur nichts richtig.

Beim Auswerten der Disziplinzeiten stellte ich fest, dass ich beim Schwimmen in etwa den gleichen Platz belegte wie im Endklassement, und das mit „angezogener Handbremse". Beim Laufen war ich deutlich schneller und beim Radfahren deutlich langsamer. Tja, das konnte ja auch kaum anders sein. Auf dem Trekkingrad sitzt man auch in geduckter Haltung noch vergleichsweise sehr aufrecht. Die Reifen sind enorm breit und mein Nabendynamo lässt sich nicht abschalten. Und ohne Schuhe, die man am Pedal festklicken kann, bzw. ohne Pedalschlaufen kann man nur beim Hinabtreten

Kraft zum Vorwärtskommen einsetzen. Der Krafteinsatz beim Heraufziehen fehlt komplett. Alles zusammengerechnet ergibt das gegenüber der Konkurrenz einen Riesennachteil. Zum Probieren war das in Ordnung, aber für regelmäßige Triathlonteilnahmen macht ein Trekkingrad einfach keinen Sinn. Das bestätigte mir auch ein Triathlet, mit dem ich ins Gespräch gekommen bin und der ebenfalls mit einem Trekkingrad begonnen hatte.

Mein erster Triathlon hat mir so viel Spaß gemacht, dass ich mit Sicherheit wieder einen angehen werde. Bis dahin muss ich mir etwas mit dem Fahrrad einfallen lassen.

Kapitel 9: Eisschwimmen

Warmduscher im kalten Wasser

2015 stöhnte die Südhälfte Deutschlands unter dem sehr heißen Sommer. Ich stöhnte nicht besonders, weil ich es im Sommer gerne etwas wärmer habe. Mein Wohlfühl-Sommerwetter beginnt bei mir ab 35° C. Da kann ich Wärme für den Winter tanken. Gut, wenn ich laufe, ist mir es kühler lieber. Aber 2015 hatte ich genug Gelegenheit mich auch beim Laufen an diese Temperaturen zu gewöhnen.

Meine Eltern luden mich und meine Jungs zu einem Urlaub an der Nordsee ein. Und so fuhren wir Ende August für eine Woche zusammen nach Büsum. Auch dort war es ungewöhnlich warm, allerdings deutlich kühler als bei uns zu Hause. Die Nordsee und eine vom Meer abgetrennte Lagune lagen nur wenige Minuten zu Fuß oder per Fahrrad entfernt. Das Wasser war mit 18° C deutlich kälter als wir es vom Schwimmbad gewohnt waren. Aber an Land konnte man sich wieder gut aufwärmen.

Ich bin ja beim Ins-Wasser-Gehen nicht so der Held. Wenn das Wasser nicht wirklich ganz warm ist, also über 25° C, mache ich das immer stufenweise. Erst gehe ich in das Wasser, bis es mir zur Oberkante der Badehose geht. Dann warte ich ein bisschen, mache meinen Bauch, meinen Rücken und meine Arme nass und gehe bis zur Unterkante der Brust ins Wasser. Dann warte ich wieder ein bisschen, tauche todesverachtend bis zum Hals ein und paddle heftig mit Armen und Beinen, um den Kälteschock zu überspielen. Und bis ich ganz im Wasser bin, kann ich es überhaupt nicht leiden, wenn man mich nass spritzt.

Im Schwimmbad war Paul, der Mittlere meiner Söhne, immer ganz flott im Wasser und spritzte uns, also Marcus, den Jüngsten, und mich nass. An der Nordsee gingen wir drei natürlich auch ins Wasser. Sven, der Älteste, hat wie meine Mutter eine eher platonische als praktische Liebe zum Wasser. Ein Unterschied zum Schwimmbad war bei uns drei jetzt aber deutlich auszumachen. Ich ging mit meinem üblichen Ritual ins Wasser, gemächlich, aber auch nicht viel langsamer als im Schwimmbad oder Baggersee. Marcus hielt es genauso, brauchte aber deutlich länger. Paul hingegen entpuppte sich vorübergehend als Memme und war mit Abstand der Letzte. An den folgenden Tagen gingen die beiden Jungs dann aber deutlich schneller ins Wasser.

Kaltes Wasser war ich ja gewohnt. Bei meinen Läufen waren die Duschen oft genug eiskalt. Und auch schon früher hatte ich oft kalt duschen müssen. In den Neunzigern des letzten Jahrhunderts war noch eine alte Heizungsanlage in der Sporthalle von Oppenau installiert. Duschte man zu spät, kam nur noch kaltes Wasser. Trainierte man in den Ferien, waren die Duschen eiskalt. Und auch sonst kam es hin und wieder vor, dass die Duschen kalt waren. Ich möchte nach dem Sport immer gleich duschen. Lieber dusche ich kalt, als verschwitzt und versifft nach Hause zu fahren und erst dort zu duschen. Kalt duschen ist zwar nicht angenehm, aber es geht durchaus und manchmal kann man damit angeben. Wir hatten in Oppenau ein Volleyball-Pokalspiel gegen eine Mannschaft, gegen die wir schon öfter gespielt und regelmäßig verloren hatten. Sie waren einfach besser als wir. Das ist nichts, weswegen man sich grämen muss, aber sie gehörte zu den wenigen Mannschaften, die wir einfach nicht leiden konnten. Auch dieses Pokalspiel hatten wir verloren. Allerdings sehr knapp und sehr unglücklich, was uns dann sehr ärgerte. Der Triumph kam dann aber unter der Dusche. Zufällig waren die Duschen wieder kalt. In der Stadt oder im Flachland ist kaltes Wasser einfach nur kalt. Aber in dem Schwarzwaldort Oppenau bedeutet kalt so richtig, richtig eisig kalt. Die eine Hälfte der gegnerischen Spieler ging gleich wieder zum Anziehen, als sie merkten wie kalt die Duschen sind. Die anderen wollten auf dicken Max machen, schafften es aber nicht, besser als lächerliche Weicheier auszusehen. Sie waren so klein mit Hut. Wir dagegen standen natürlich vergnügt unter dem eisigen Wasserstrahl und duschten so ausgiebig, als wäre er 30° C warm. Schwächlinge! Denen hatten wir es jetzt aber gezeigt!

Schwimmen im Spätsommer
2016 waren wir Ende August wieder eine Woche in Büsum. Dieses Mal kam auch meine Schwester mit ihrer Familie mit. Es war nicht ganz so warm wie 2015, aber noch warm genug, um täglich schwimmen gehen zu können. Nur mit Aufwärmen in der Sonne war es nicht so weit her. Wieder zurück zuhause hatte ich noch zwei Wochen Urlaub. Der September war noch lange ungewöhnlich warm. Durch den Triathlon hatte ich meine alte Liebe zum Schwimmen wiederentdeckt. Also ging ich mehrfach in der Woche schwimmen. In Urloffen, gerade einmal zehn Autominuten von meiner Wohnung entfernt, liegt ein Baggersee, in dem ich schon als Jugendlicher immer schwimmen war. Dort hatte ich vor dem Triathlon regelmäßig trainiert. In diesem Jahr war das Wasser allerdings nicht besonders sauber. Es hatte ganz viele Schwebeteilchen und einen merkwürdigen Geschmack. Da ich ja jetzt zum Spaß schwimmen wollte, suchte ich mir einen anderen Baggersee. Der Korker Baggersee liegt zwar etwas weiter weg, hat aber ein unglaublich klares, sauberes Wasser, das auch viel besser schmeckt, mit sehr vielen Fischen. Der Korker Baggersee ist seit jeher bekannt dafür, der kälteste in der Gegend zu sein. Aber konnte er kälter als die Nordsee sein? Es ist schwer zu sagen, welches Wasser kälter war; kalt waren sie beide. Mitte September war es dann nicht mehr warm

genug, um nach der Arbeit noch am Strand zu liegen. Das Wasser wurde auch zusehends frischer, aber ich kam immer noch gut damit klar.

Wo Männer noch Männer sind

Eine Woche nach dem Ende der Badesaison kam ich am 22. September auf die absurde Idee, einmal zu probieren, wie kalt das Wasser denn jetzt wäre und ob ich es schaffen würde hineinzugehen. Bis Mitte September war ich ja jetzt schon baden gegangen. Ich konnte mich nicht daran erinnern, jemals so spät noch baden gegangen zu sein. Und jetzt, eine Woche später, konnte es doch noch nicht so viel kälter sein. Doch, es war deutlich kälter. Aber ich hatte es geschafft. War ich ein harter Kerl! Ich beschloss jetzt auszutesten, wie lange ich es durchhalten würde, jede Woche ins immer kälter werdende Wasser zu steigen und eine Runde zu schwimmen. Aus Zeitmangel kam ich erst am 8. Oktober wieder dazu, schwimmen zu gehen. Jetzt ging ich wieder nach Urloffen, weil es für die kurze Zeit egal war, wie sauber das Wasser war.

Seit dem letzten Bad waren zwei Wochen vergangen und das Wasser müsste jetzt noch viel kälter sein und das ganze viel unangenehmer werden. Deswegen recherchierte ich vorher im Internet, ob es gefährlich sein kann, in kaltem Wasser zu schwimmen. Viel Sinnvolles konnte ich nicht finden. Eisschwimmen ist in manchen Ländern, wie China, Russland oder Finnland ein Volkssport. In den Niederlanden stürzen sich Zehntausende an Neujahr in die Nordsee. Im Sommer lese ich immer von ertrunkenen Badenden. Ich habe aber noch nie etwas von einem toten Eisschwimmer gelesen. Vielmehr soll Eisschwimmen sehr gesund sein. Es steigere die Fettverbrennung, stärke Abwehrkräfte und Libido. Es gibt sogar Deutsche Meisterschaften und Weltmeisterschaften im Eisschwimmen.

Die Streckenlänge fängt bei 50 m an und hört bei 1.000 m auf. Nach den internationalen Regeln muss das Wasser kälter als 5° C sein, es sind nur Badehosen erlaubt, die maximal bis zu den Knien gehen, Schwimmbrille und Badekappe.

Etwas beruhigter fuhr ich dann an den See und ging wieder schwimmen. Meine Kleider hatte ich auf eine der beiden Sitzbänke in Ufernähe gelegt. Etwas mehr als 50 Meter hinter den Sitzbänken verläuft eine geteerte Straße parallel zum Seeufer. Als ich aus dem Wasser kam, ging dort ein älteres Pärchen. Natürlich hatten die beiden gesehen, dass ich mich abtrocknete und mich umziehen wollte. Ich ging davon aus, dass sie die Straße weiter laufen würden, bis ich mich umgezogen hätte. Aber nein, sie kamen direkt auf mich zu. Also machte ich langsam und trocknete mich ausgiebig ab. Als sie bei mir waren, machte er noch den blöden Spruch: „Wo Männer noch Männer sind." Dann setzten sie sich auf die Bank neben mir. So etwas Unverschämtes. Es macht mir nichts aus, mich in der Öffentlichkeit umzuziehen. Das bin ich ja allein von meinen Läufen her gewohnt. Ich habe mich dann auch umgezogen. Aber hätten sie Anstand gehabt, wären sie weiter gegangen und zurückgekommen, nachdem ich fertig gewesen wäre.

Eisschwimmen

Vom Urloffener Baggersee wurde vor ein paar Jahren ein Teich abgetrennt, der allein den Fischen vorbehalten ist. Anfang Dezember war dieser Teich zugefroren, der See aber noch frei. Ich parkte mein Auto auf der geteerten Straße in Ufernähe und stieg aus. Da kam eine Familie mit zwei kleinen Kindern und einem noch kleineren Hund um die Ecke. Sie gingen schnurstracks zu dem Teil des Ufers, an dem ich ins Wasser wollte. Inzwischen war es mir egal, ob mich jemand baden gehen sieht, aber das konnte ich jetzt hier nicht bringen. Wenn ich zu der Familie hin gegangen wäre, mich ausgezogen hätte und ins Wasser gegangen wäre, was hätten die wohl gemacht? Denen wären doch die Augen aus dem Kopf gefallen. Die Kinder hätten einen Schock fürs Leben bekommen oder hätten auch ins Wasser gehen wollen. Nein, nein. Ich bin dann etwas spazieren gegangen und erst später ins Wasser, als sie wieder weg waren.

Der Neujahrstag 2017 war ein Highlight beim Eisschwimmen. Seit zwei Tagen waren alle Bäume von der gefrorenen Luftfeuchtigkeit mit einer dicken, glitzernden Reifschicht überzogen; der Boden ebenso. Es schwebte Nebel in der Luft, aber ganz weit oben, sodass der Himmel ein graues Blau hatte. Nicht weit vom Baggersee entfernt gab es keinen Nebel und das einfallende seitliche Sonnenlicht lies alle Eiskristalle herrlich funkeln: ein Bilderbuchanblick! An diesem Tag waren viele mit einer Kamera unterwegs. Ich war gerade zu meiner Bank gegangen, da kam eine Fotografin mit ihrem Freund. Als sie an mir vorbeigingen, begann ich gerade, mich auszuziehen. Es scheint sie nicht weiter interessiert zu haben. Ich hatte auch schon einmal daran gedacht, ob mich jemand für einen Selbstmörder halten könnte. Aber der würde doch nicht eine Badehose anziehen. Als ich aus dem Wasser kam, zog ich meine Badehose aus und legte sie auf die Bank. Nach dem Anziehen wollte ich sie einpacken, aber sie hing fest. Sie war festgefroren.

Im Januar gab es eine längere Kälteperiode, während der es stets deutlich kälter als 0° C war. Der Urloffener Baggersee war jetzt komplett und ganz fest gefroren. Ich konnte noch so heftig auf dem Eis herumhüpfen, es bewegte sich überhaupt nichts. Der Korker Baggersee dagegen war noch komplett eisfrei. Er ist größer, weniger windgeschützt und es wird noch Kies gefördert. Die ständigen Wellen verhindern das Zufrieren.

Wenn ich zum Eisschwimmen fuhr, war ich mit der Zeit nicht mehr so nervös wie zu Beginn. Wenn ich dann aus dem Auto ausstieg und zum Ufer ging, kam es mir immer noch ein bisschen so vor, als würde ich etwas Verbotenes oder Ungehöriges tun. Zu Anfang war ich auch darauf bedacht, dass mich niemand dabei sieht. Die Pulsfrequenz ist deutlich erhöht. Das kommt wahrscheinlich aber weniger davon, dass ich Angst davor hätte, für verrückt gehalten zu werden oder etwas Unerhörtes zu tun, sondern eher davon, dass sich der Körper auf den zu erwartenden Kälteschock einstellt. Mein Körper weiß schon, was auf ihn zukommt. Ist man erst einmal im Wasser, versucht der Körper mit dem Verbrennen der Energiereserven der Kälte entgegenzuwirken. Der Puls beruhigt sich wieder.

Es werden Adrenalin ausgeschüttet und wohl auch Endorphine. Das ist wahrscheinlich der Grund für den interessanten Umstand, dass ich beim Ausziehen, beim Schwimmen und beim Anziehen nicht friere! Mir ist weder kalt noch zittere ich. Das kommt erst viel später im Auto auf der Heimfahrt. Das Ins-Wasser-gehen geschieht nach demselben Ritual wie auch im Sommer und inzwischen auch genauso schnell. In der Phase, als es von Woche zu Woche immer kälter wurde, waren das Schlimmste die Schmerzen. Ging ich ins Wasser, fror ich zwar nicht, aber die Kälte schmerzte an den Füßen, Unterschenkeln und Schultern. Manchmal bin ich wieder ans Ufer zurück und kurz darauf wieder ins Wasser hinein. Dann ging es mit den Beinen. Am Schlimmsten sind die Zehen. Schon nach den ersten Schritten noch an Land sind sie völlig gefühllos. Das Einzige, was ich befürchte, ist allerdings, dass ich aufgrund der tauben Füße nicht merke, dass ich mir die Haut an spitzen Steinen aufschlitze, oder dass ich beim Sockenanziehen nicht merke, dass ein kleiner Zeh nach hinten umgeknickt und somit ausgerenkt oder gebrochen wird. Die Zehen sind auch das Letzte, in das wieder Gefühl hineinkommt. Wer schon einmal im Winter ohne Handschuhe das komplette Auto freigekratzt oder im Garten Feldsalat geerntet hat, der kennt das Gefühl in den Fingern, wenn sie ganz taub sind. Man berührt etwas, kann es aber nicht fühlen. Nur indirekt merkt man, dass man etwas berührt. Wenn beim Zahnarzt der Mund betäubt wird und man seine Lippen berührt, fühlen sich die Lippen auch so an. Und genauso fühlt sich die Haut am ganzen Körper an. Beim Abtrocknen trocknet man irgendetwas ab. Dass man es selbst ist, fühlt man nicht direkt. Zwischen der Schicht in der Haut, in der man den Druck wahrnimmt und der äußeren Schicht der Haut, die man berührt, fehlt einfach ein Stück. Auch das Anziehen ist mit klammen Fingern nicht so einfach. Zudem hat man weder in dem, was man anzieht, noch in dem, womit man sich anzieht, ein direktes Gefühl. Wenn der Boden gefroren ist, hat man zumindest den Vorteil, dass nicht der ganze Matsch oder Dreck an den Füßen hängen bleibt und mit in die Socken kommt; man ist nämlich auch nicht in der Lage, alles ganz sauber abzuputzen.

Mit den Endorphinen bin ich mir nicht ganz so sicher. Das wird wohl etwas übertrieben dargestellt. Wenn ich 50 bis 100 m geschwommen bin, habe ich mich an die Kälte gewöhnt. Ich denke dann: „Jetzt ist es angenehm; ich könnte gleich noch mal 100 m schwimmen." Aber so euphorisiert, dass ich das wirklich tue, bin ich nicht. Ich höre dann auf meinen Kopf, der nicht so scharf darauf ist, zu wissen, wie ich mich nach weiteren 100 m fühle und wie lange ich dann brauche, bis ich komplett wieder durchgewärmt bin.

Nach ein paar Wochen schwimmen im Eiswasser, machte ich im Januar die Feststellung, dass meine Leistungen im Laufen und beim Volleyball deutlich nachgelassen hatten. Beim selben Kraftaufwand, den ich investierte, kam weniger Leistung heraus. Ich wurde deutlich langsamer und trotzdem gingen gleichzeitig meine Erholungswerte rapide in den Keller; als ob ich mich übernommen hätte. Ich habe den Verdacht, dass das regelmäßige Eisschwimmen den Körper auf irgendeine Weise darauf konditioniert, sich sozusagen „einzuigeln" und weniger Leistung abzugeben. Beim Laufen war es ja auch kalt und das könnte ein Reizauslöser gewesen sein. Beim Volleyball war es aber kaum kälter als sonst. Allerdings war der Leistungsabfall dort auch nicht so groß. Im Februar wurde es wieder etwas wärmer und ich setzte mit dem Eisschwimmen aus, um zu sehen, wie sich meine Leistungen daraufhin entwickeln würden. Und siehe da: Nach etwa zehn Tagen kam es bei mir nicht nur zu einem Leistungssprung, auch meine Erholungswerte besserten sich merklich.

Als ich meinem alten Schulfreund Marcus das mit dem Eisschwimmen erzählte und erklärte, wie es mir dabei ergeht, fragte er mich: „Und, macht's denn Spaß?" Und ich so: „???" Ich musste erst einmal überlegen. „Spaß? ... naja, äh, also, ich weiß nicht, ... nicht wirklich." Es ist weniger Spaß, warum ich das mache. Es ist mehr eine Herausforderung, die ich angenommen habe und bestehen will. Vielleicht ist es auch der Wunsch, etwas Besonderes und nicht Alltägliches zu tun. Oder es ist die Neugier darauf, was man erreichen kann, der Ehrgeiz, etwas nur mit Willensstärke zu erreichen. Schwer ist Eisschwimmen nicht. Das kann jeder. Man muss es nur tun.

Im Januar saß ich in meinem Büro und sah draußen auf die verschneite, kalte Landschaft. Jetzt da hinausgehen? Das muss nicht sein. Gegen halb fünf, wenn es anfängt, dunkler zu werden, wird es in meinem schlecht isolierten Büro merklich kühler und ich fange an zu frösteln, wenn ich mich nicht bewege. Muss ich dann auch noch in das Nachbarhaus gehen, nehme ich lieber meine Jacke mit, was ich sonst nie tue, und denke: „Ist das kalt!" Es ist dann eine surreale und völlig unbegreifliche Vorstellung, dass irgendjemand jetzt an einem See steht, sich nackt auszieht und schwimmen geht. Das ist in dieser Welt einfach unvorstellbar, unmöglich.

In einer anderen Welt, in einer anderen Wirklichkeit stehe ich bei Minusgraden am See, ziehe mich aus und gehe schwimmen.

Manchmal kann ich das gar nicht glauben, und doch ist es so.

Verrückt!
Bin ich verrückt?